HOBBES E A LIBERDADE REPUBLICANA

FUNDAÇÃO EDITORA DA UNESP

Presidente do Conselho Curador
Mário Sérgio Vasconcelos
Diretor-Presidente
Jézio Hernani Bomfim Gutierre
Superintendente Administrativo e Financeiro
William de Souza Agostinho
Conselho Editorial Acadêmico
Danilo Rothberg
Luis Fernando Ayerbe
Marcelo Takeshi Yamashita
Maria Cristina Pereira Lima
Milton Terumitsu Sogabe
Newton La Scala Júnior
Pedro Angelo Pagni
Renata Junqueira de Souza
Sandra Aparecida Ferreira
Valéria dos Santos Guimarães

Editores-Adjuntos
Anderson Nobara
Leandro Rodrigues

QUENTIN SKINNER

HOBBES E A LIBERDADE REPUBLICANA

Tradução
Modesto Florenzano

© 2008 Editora UNESP
© 2008 Quentin Skinner
Cambridge University Press
© 2010 da tradução brasileira
Título original: *Hobbes and Republican Liberty*

Direitos de publicação reservados à:
Fundação Editora da UNESP (FEU)
Praça da Sé, 108
01001-900 – São Paulo – SP
Tel.: (0xx11) 3242-7171
Fax: (0xx11) 3242-7172
www.editoraunesp.com.br
www.livrariaunesp.com.br
atendimento.editora@unesp.br

CIP – Brasil. Catalogação na fonte
Sindicato Nacional dos Editores de Livros, RJ

S639H

Skinner, Quentin
　Hobbes e a liberdade republicana/Quentin Skinner; tradução Modesto Florenzano. – São Paulo: Editora Unesp, 2010.
　214p.

　Tradução de: Hobbes and republican liberty
　ISBN 978-85-393-0048-8

　1. Hobbes, Thomas, 1588-1679. 2. Ciência política - Filosofia. 3. Liberdade. 4. Republicanismo. I. Título.

10-2842.　　　　　　　　　　　　　　　　　　　　　CDD: 320.011
　　　　　　　　　　　　　　　　　　　　　　　　　CDU: 321.01

Editora afiliada:

SUMÁRIO

Lista de ilustrações 7

Prefácio 9

Agradecimentos 17

Notas sobre o texto 21

1 – À guisa de introdução: os começos humanistas de Hobbes ...23

2 – *Os elementos da lei*: descrição da liberdade 37

3 – *Os elementos da lei*: a liberdade circunscrita 69

4 – *Do cidadão*: a liberdade definida 89

5 – *Leviatã*: a liberdade redefinida 123

6 – Liberdade e obrigação política 167

Conclusão 193

Referências bibliográficas 199

LISTA DE ILUSTRAÇÕES

1. Hobbes, Thomas (1629). *Eight Bookes of the Peloponnesian Warre*, London, frontispício 32

2. Camerarius, Joachim (1605). *Symbolorum et emblematum centuriae tres*, Leipzig, pt. 4, fo. 3 40

3. Coustau, Pierre (1560). *Le pegme de Pierre*, Lyons, p.201 47

4. Boissard, Jean Jacques (1593). *Emblematum liber*, Frankfurt, p.11. 49

5. Lipsius, Justus (1637). *Opera omnia*, 4v., Antwerp, frontispício. 62

6. Alciato, Andrea (1621). *Emblemata cum commentariis amplissimis*, Padua, p.641. 80

7. Kleppisius, Gregorius (1623). *Emblemata varia*, n.p., imagem 31. 83

8. Meisner, Daniel (1623). *Thesaurus philo-politicus*, Frankfurt, imagem 13. 97

9. Covarrubias, Sebastián de (1610). *Emblemas morales*, Madrid, p.74. 100

10. Haecht Goidtsenhoven, Laurens van (1610). *Microcosmos: parvus mundus*, Amsterdam, p.11..101

11. Hobbes, Thomas (1642). *Elementorum philosophiae sectio tertia de cive*, Paris, frontispício.......................................104

12. Hariot, Thomas (1590). *A briefe and true report of the new found land of Virginia*, Frankfurt, Figura 3.......................105

13. Ripa, Cesare (1611). *Iconologia*, Padua, p.360......................106

14. Alciato, Andrea (1550). *Emblemata*, Lyons, p.94..................140

15. *Great Seal of the English Commonwealth*...................................142

16. Alciato, Andrea (1550). *Emblemata*, Lyons, p.194................161

17. [Gauden, John] (1649). *Eikon Basilike: The Pourtraicture of His Sacred Majestie in His Solitudes and Sufferings*, London, frontispício...171

18. Hobbes, Thomas (1651). *Leviathan, or The Matter, Forme, & Power of a Common-wealth Ecclesiasticall and Civil*, London, frontispício...173

19. Wither, George (1635). *A Collection of Emblemes, Ancient and Moderne*, London, p.179....................................182

PREFÁCIO

O propósito principal deste ensaio é contrastar duas teorias rivais sobre a natureza da liberdade humana. A primeira, que tem sua origem na antiguidade clássica, está no centro da tradição republicana romana da vida pública (Wirszubski, 1960; cf. Brunt, 1988, p.281-350). Essa mesma teoria foi a seguir conservada no *Digesto* do direito romano (Digest, 1985, 1.5-6, p.15-9), e posteriormente associada às cidades-repúblicas da Itália renascentista (Skinner, 1978, v.1, p.3-65). Comentadores recentes, em razão dessa proveniência, tenderam a falar dessa tradição como distintivamente "republicana" em caráter.[1] Esta etiqueta soa-me anti-histórica,[2] e em minha própria contribuição para a discussão preferi descrevê-la como "neorromana" (Skinner, 1998, p.10-1; 2002b, p.14). Tenho a impressão, contudo, de ter perdido nessa parte da disputa, e, no que segue (bem como no título deste ensaio), vi-me compelido a adotar a terminologia agora geralmente usada.

---

[1] Cf., por exemplo, Pettit (1997; 2002); Brugger (1999); Goldsmith (2000); Rosati (2000); Honohan (2002); Maynor (2002); Viroli (2002); Shaw (2003).
[2] É certo que no período pré-moderno, auge da teoria, ninguém que professava o republicanismo (no estrito sentido de ser um oponente da monarquia) questionou a chamada teoria republicana da liberdade. Todavia, a teoria também foi adotada por inúmeros escritores políticos – John Locke, por exemplo – que teriam ficado chocados ao verem seus nomes associados a fidelidades políticas republicanas. A respeito da visão lockeana sobre a liberdade, cf. Tully (1993, p.281-323); Halldenius (2002).

De acordo com a teoria republicana, como classicamente exposta na rubrica *De statu hominum* no início do *Digesto*, a distinção primordial no seio das associações civis é entre aqueles que gozam do *status* de *liberi hominus* ou "homens livres"[3] e aqueles que vivem na servidão. A rubrica começa afirmando que "a principal distinção no direito das pessoas é que todos os homens são ou livres ou escravos".[4] Como o capítulo seguinte explica, a *libertas* desfrutada pelos homens livres consiste no fato de estarem "sob o seu próprio poder" em oposição a estarem "sob o poder de outrem".[5] Por contraste, a perda da liberdade sofrida pelos escravos origina-se do fato de viverem "sob o poder de um senhor" e, consequentemente, na sujeição de seu *arbitrium* ou vontade arbitrária.[6] Assim, o nervo da teoria republicana é que a simples presença de um poder arbitrário é suficiente para subverter a liberdade no seio das associações civis, porque tem por efeito reduzir os membros de tais associações do *status* de homens livres ao de escravos.[7]

Essas distinções foram acolhidas desde muito cedo pelo direito consuetudinário inglês, e, embora isso não tenha sido suficientemente enfatizado, constitui um fato de grande importância.[8]

---

[3] Este termo tornou-se finalmente de uso universal nos debates legais e políticos da Inglaterra. O mesmo aparecia algumas vezes ora separado por hífen, ora como uma única palavra. O escriba que produziu os manuscritos de *Elements of Law* de Hobbes, hoje preservados em Chatsworth e na British Library, prefere "homem livre". Cf. Chatsworth Hobbes (MS A. 2. B, p.183, 190); B. L. Harl (MS 4235, fos. 98ᵛ e 102ʳ). Não obstante, o próprio Hobbes prefere "homem livre". Vide Hobbes, 1996, cap.21, p.146, 150. Nas páginas que seguem, adoto o uso de Hobbes.
[4] Digest (1985, 1.5.3, p.15): "Summa itaque de iure personarum divisio haec est, quod omnes homines aut liberi sunt aut servi".
[5] Digest (1985, 1.6.4, p.18): "[cives Romani] sunt suae potestatis...[non] sunt in aliena potestate".
[6] Digest (1985, 1.6.4, p.18): "in potestate sunt servi dominorum". Sobre esta distinção entre liberdade e escravidão, cf. Wirszubski (1960, p.1-3).
[7] Para recentes discussões desta concepção de liberdade e servidão, cf. Pettit (1997, 2001, 2002); Skinner (1998, 2002c, 2006b); Tully (1999); Halldenius (2002).
[8] Pocock (1987) e Burgess (1992) consideram o direito romano e o direito consuetudinário duas tradições separadas de pensamento. Burgess (1992, p.11) cita e endossa amplamente o argumento de Pocock, para quem o direito consuetudinário gozava de "um monopólio total" na Inglaterra, à diferença da Europa continental, onde ambos os direitos – costumeiro e romano – eram empregados. No entanto, como enfatizo, os conceitos básicos ao direito das gentes inglês,

A figura do *liber homo* ocupa um lugar proeminente na Magna Carta,[9] e Henry de Bracton a discute sistematicamente no início de sua *De legibus et consuetudinibus Angliae* (cerca de 1260), uma obra que Hobbes parece ter conhecido.[10] Ademais, é fato sugestivo que o tratado pioneiro de Bracton, cuja primeira edição remonta a 1569, tenha sido reimpresso em 1640, imediatamente antes da eclosão da guerra civil inglesa. No Capítulo 6 de seu Primeiro Livro, depois de considerar os diferentes tipos de *personae*, Bracton prossegue se perguntando "o que é liberdade?" e "o que é servidão?".[11] Ele insiste que todos os homens são livres por natureza, enunciando o princípio na forma de uma direta, embora inconfessada, citação do *Digesto*. A "servidão", tal como a apresenta, "é uma instituição do direito das nações pela qual alguém se torna, contrariando a natureza, sujeito ao domínio de algum outro".[12] Como a máxima implica, contudo, "o direito civil e o direito das nações são suscetíveis de tirar esse direito de natureza".[13] Por outras palavras, é possível alguém ser privado de sua liberdade natural sob sistemas de leis humanas, e Bracton considera duas maneiras em que isso pode acontecer. Uma, é que você pode ser reduzido à condição de escravo. Em mais uma citação do *Digesto*, nos é dito que sob leis humanas "todos os homens são *liberi homines* ou escravos".[14] A outra maneira de limitar tua liberdade natural (e aqui Bracton insere uma categoria desconhecida da Antiguidade) é entrar em uma condição de vassalagem, pela qual você também está "obrigado a certo grau de servidão".[15] Assim, o escrito de Bracton, como o *Digesto*, considera que basta a sujeição a um poder arbitrário para fazer o homem livre perder a liberdade.

---

conforme classicamente esboçados no início do pioneiro tratado de Bracton, são tirados quase que palavra por palavra do *Digesto* do direito romano.
[9] Sobre o *liber homo* na primeira edição impressa da Magna Carta, cf. Pynson (1508, cap. 15, fo. 3ᵛ; cap. 30, fo. 5ᵛ; cap. 33, fo. 6ʳ).
[10] No *Leviatã*, por exemplo, Hobbes parece se referir à discussão de Bracton sobre o *servitus*. Cf. Bracton (1640, 1. 6. 3, fo. 4ᵛ); Hobbes (1996, p.141).
[11] Bracton (1640, 1. 6, fo. 4ᵛ): "Quid sit libertas"; "Quid sit servitus".
[12] Bracton (1640, 1. 6. 3, fo. 4ᵛ): "Est quidem servitus constitutio iuris gentium qua quis dominio alieno contra naturam subiicitur".
[13] Bracton (1640, 1. 6. 2, fo. 4ᵛ): "Et in hac parte ius civile vel gentium detrahit iuri naturali".
[14] Bracton (1640, 1. 6. 1, fo. 4ᵛ): "omnes homines aut liberi sunt, aut servi".
[15] Bracton (1640, 1. 6. 1, fo. 4ᵛ): "[villanus] quodam servitio sit astrictus".

Uma implicação crucial dessa proposição é que a liberdade pode ser perdida ou confiscada mesmo na ausência de qualquer ato de interferência. A falta de liberdade sofrida pelos escravos não é uma consequência de eles serem obstruídos no exercício de seus desejos. Escravos cujas escolhas nunca entram em conflito com a vontade de seus senhores podem estar aptos a agir sem a menor interferência. Eles, não obstante, permanecem completamente despojados de sua liberdade. Eles permanecem sujeitos à vontade de seu senhor, incapazes de agir, em qualquer tempo, de acordo com sua própria vontade independente. Em outras palavras, não são de maneira alguma agentes autênticos. Como James Harrington afirmaria, em 1656, na sua exposição clássica da teoria republicana, *Oceana*, a desgraça dos escravos é que eles não têm o controle de sua vida, estando consequentemente forçados a viver em um estado de incessante ansiedade com relação ao que lhes pode ou não acontecer (Harrington, 1992, p.20).

Dentro da teoria política de língua inglesa, essa compreensão da liberdade e da servidão ganhou proeminência especial nas décadas que precederam a eclosão da guerra civil, em 1642 (Peltonen, 1995; Skinner, 2002b; Colclough, 2003).[16] Os opositores da monarquia Stuart objetaram que vários de seus direitos e de suas liberdades estavam sendo solapados pela política legal e fiscal da Coroa; e alguns dentre eles, ao mesmo tempo, chamavam a atenção para o fato de que estas infrações, que se manifestavam na superfície, significavam uma profunda afronta à liberdade. O que principalmente os perturbava era que a Coroa, ao enfatizar seus direitos de prerrogativa, revelava a pretensão a uma forma discricionária e, consequentemente, arbitrária de poder que tinha por efeito reduzir o povo nascido livre da Inglaterra à condição de sujeição e servidão.

Essas alegações foram, no transcorrer da guerra civil, denunciadas com estridência pelos defensores da soberania absoluta, e por

---

[16] Mas duas advertências impõem-se aqui. Por um lado, isso não equivale a dizer que este modo de contrastar a liberdade com a escravidão foi o único ou ainda o argumento predominante sobre a liberdade nesse período. Para valiosas observações cautelares, cf. Sommerville (2007). Por outro lado, isso não quer dizer que esses argumentos clássicos nunca foram empregados anteriormente. Por exemplo, Bernard (1986, p.150-8) identificou seu uso no início do século XVI, para resistir às supostas demandas arbitrárias feitas pela Coroa.

ninguém mais sistematicamente do que Thomas Hobbes. Hobbes é o mais formidável inimigo da teoria republicana da liberdade, e seus esforços para desacreditá-la constituem um momento que faz época na história do pensamento político de língua inglesa. Sua hostilidade é já evidente em *The Elements of Law* [Os elementos da lei natural e política], sua obra de filosofia política mais antiga, que fez circular em 1640. Mas naquele estágio ele não tinha nada para oferecer como alternativa à teoria republicana da liberdade, e simplesmente procurou persuadir seus leitores de que esta era ilusória e confusa. Nos anos 1640, contudo, ele começou a elaborar uma abordagem antagônica, cuja versão definitiva apareceu no *Leviatã*, em 1651, no qual apresentou pela primeira vez uma nova análise do que significava ser um homem livre em consciente oposição à consideração jurídica e republicana. É com a evolução e a articulação dessa teoria rival que estou particularmente preocupado.

O entendimento de Hobbes da liberdade já foi exaustivamente discutido, e a literatura secundária existente contém uma grande quantidade de estudos valiosos sobre esse tema específico.[17] Caberia, pois, perguntar o que posso esperar acrescentar a essas considerações. Minha resposta é dupla. Primeiramente, os estudos mais recentes têm se centrado exclusivamente nos textos de Hobbes, sem se perguntar o que poderia tê-lo instigado a formular e reformular seus argumentos distintivos, sem procurar, assim, identificar a natureza das disputas nas quais ele estava tomando parte. Ao contrário, busquei mostrar como as sucessivas tentativas de Hobbes em dar conta da questão da liberdade humana estavam profundamente afetadas pelas reivindicações avançadas pelos autores radicais e parlamentaristas do período das guerras civis, e por seu sentimento da necessidade urgente de a eles replicar em nome da paz.

A outra razão para esperar que eu tenha algo a contribuir ao debate é que a maior parte da literatura existente corporifica uma pretensão que me parece insustentável. Hobbes produziu quatro versões diferentes de sua filosofia política: *Os elementos* em 1640,

---

[17] Dentre os valiosos estudos recentes, encontram-se Goldsmith (1989); Brett (1997); Terrel (1997); Huning (1998); Van Mill (2001); Martinich (2004); Pettit (2005).

Do cidadão em 1642, o *Leviatã* inglês em 1651 e o *Leviatã* latino revisado em 1668. Há, contudo, um acordo amplamente difundido de que suas crenças básicas, incluindo suas crenças sobre a liberdade, permaneceram "relativamente estáticas" e "largamente imutáveis" por todas essas obras (Sommerville, 1992, p.3, 162; Collins, 2005, p.9), e que quaisquer diferenças entre elas "podem quase sempre ser entendidas como uma tentativa de Hobbes de dar maior clareza às suas ideias originais (Tuck, 1996, p.xxxviii; cf. Parkin, 2007, p.90). Sustenta-se que falar de qualquer mudança marcante de direção entre *Os elementos* e o *Leviatã* "é fundamentalmente errôneo" (Nauta, 2002, p.578).

Esses julgamentos foram geralmente enfatizados por aqueles que se centraram especialmente nas opiniões de Hobbes sobre os homens livres e os Estados livres. Alguns comentadores simplesmente assumem que não há desenvolvimentos a serem observados, e falam da "teoria de Hobbes da liberdade" ao mesmo tempo em que se concentram exclusivamente no *Leviatã*.[18] Mas outros insistem explicitamente que "não há evidência de qualquer mudança significativa" entre *Os elementos* e as obras posteriores de Hobbes (Pettit, 2005, p.146; cf. Warrender, 1957, p.viii; Sommerville, 1992, p.181), e, assim, que "não há alteração maior no pensamento de Hobbes sobre liberdade" em qualquer ponto (Pettit; 2005, p.150). Um de meus objetivos no que segue será, ao contrário, sugerir que a análise de Hobbes da liberdade no *Leviatã* representa não uma revisão mas um repúdio ao que ele havia anteriormente argumentado, e que esse desenvolvimento reflete uma mudança substancial no caráter de seu pensamento moral.

Como já deve estar evidente, eu abordo a teoria política de Hobbes não simplesmente como um sistema geral de ideias, mas também como uma intervenção polêmica nos conflitos ideológicos de seu tempo. Para entender e interpretar seus textos, sugiro que precisamos reconhecer a força da máxima segundo a qual as

---

[18] Cf., por exemplo, Goldsmith (1989, p.25), Lloyd (1992, p.281-6); Hirschmann (2003, p.71); Martinich (2005, p.79-80). Até certo ponto, também fui culpado deste erro em Skinner (2002a, v.3, p.209-37), de modo que minha presente discussão pode ser lida quer como uma correção, quer como uma ampliação daquele argumento prévio.

palavras também são atos (Wittgenstein, 1958, p.146). Ou seja, precisamos nos colocar em uma posição que nos permita captar que tipo de intervenção os textos de Hobbes podem ter constituído. Meu objetivo no que segue é fornecer adequadamente uma avaliação não meramente do que Hobbes está dizendo, mas do que ele está fazendo ao propor seus argumentos. Minha suposição norteadora é que mesmo as mais abstratas obras de teoria política nunca estão acima da batalha; elas sempre são parte da própria batalha. Com isso em mente, tento fazer Hobbes descer das alturas filosóficas, decifrar suas alusões, identificar seus aliados e adversários, indicar seu posicionamento no espectro do debate político. Fiz o melhor que pude, naturalmente, para proporcionar uma cuidadosa exegese de suas cambiantes concepções sobre a liberdade. Mas interessei-me igualmente pelas polêmicas que latejam subjacentes à enganadora superfície polida de sua argumentação.

AGRADECIMENTOS

Este ensaio deriva do curso que ministrei como conferencista (da Fundação Ford) na Universidade de Oxford durante o ano acadêmico de 2002-3. Sinto-me altamente honrado por ter sido convidado a contribuir para com estas consagradas séries, e devo começar por oferecer aos Conselheiros meus mais calorosos agradecimentos. Também quero expressar meu apreço às muitas pessoas que tornaram minhas visitas semanais a Oxford tão agradáveis. Paul Slack agendou meu tempo com a máxima eficiência e cordialidade. O diretor e membros do Wadham College gentilmente puseram um conjunto de salas à minha disposição e receberam-me com grande bondade. Muitos amigos me proporcionaram hospitalidade e encorajamento, entre os quais quero agradecer especialmente a Tony Atkinson, Jeremy Butterfield, John e Oonah Elliott, Robert e Kati Evans, Kinch Hoekstra, Noel Malcom, Keith e Valerie Thomas e Jenny Wormald. Sou também muito grato aos estudantes e colegas que me enviaram cartas e e-mails sobre minhas conferências, oferecendo-me numerosas correções e outras sugestões para melhorá-las, de todas as quais fiz o melhor que pude para incorporá-las.

Subsequentemente tive a oportunidade de desenvolver diferentes partes da minha argumentação junto a três outras audiências muito distintas. Proferi conferências na Universidade de Virgínia (fundação Page-Barbour), em outubro de 2003, na Universidade de Boston (fundação Robert P. Benedict), em março de 2005, e na de Frankfurt (Fundação Adorno), organizadas pelo Institut fur

Sozialforschung, em dezembro de 2005. Quero agradecer particularmente a Krishan Kumar em Charlottesville, a James Schmidt em Boston e a Axel Honneth em Frankfurt, que foram anfitriões maravilhosamente receptivos e atentos.

O título geral das minhas conferências em Oxford era "Liberdade, Representação e Revolução, 1603-1651". Contudo, quando comecei a rever meu texto para publicação passei a perceber que seria melhor concentrá-lo nas questões sobre liberdade às quais tinha consagrado a segunda metade do meu curso. Deixei de lado, consequentemente, minhas conferências de abertura sobre o conceito de representação, que estão agora publicadas em separado (Skinner, 2005b, 2006b, 2007a). Embora o resultado seja um texto consideravelmente mais curto do que os Conselheiros imaginaram, espero que o tenha arranjado de modo a torná-lo menos difuso e mais coerente.

Recebi um tal montante de ajuda que se tornou difícil para mim converter as conferências em seu formato atual, muito diferente. Minha dívida mais profunda é, de longe, para com os especialistas que leram e comentaram meu manuscrito: Annabel Brett, Kinch Hoekstra, Susan James, Noel Malcom, Eric Nelson e Jim Tully, bem como para com os dois avaliadores, anônimos e extremamente perceptivos, da Cambridge University Press. Todos eles me permitiram melhorar meu esboço original de maneira a torná-lo quase irreconhecível. De maneira similar, tenho dívidas para com Dominique Colas, John Dunn, Raymond Geuss, Fred Inglis, Cécile Laborde, Kari Palonen, John Pocock, David Sedley, Amartya Sen, Johann Sommerville, Richard Tuck e, acima de todos, com Philip Pettit, cujos escritos sobre a teoria da liberdade muito influenciaram minha própria abordagem (Pettit, 1997, 2001, 2002, 2005). Há três nomes nessa lista que não posso deixar de destacar. Kinch Hoekstra e Noel Malcom assistiram às minhas conferências em Oxford, sobre as quais ofereceram muitas sugestões, e posteriormente escrutinaram esboços do meu manuscrito com extraordinária precisão e profundo conhecimento. O outro nome que quero particularmente mencionar é Susan James, a quem devo mais do que minhas palavras podem expressar.

Devo também lembrar minha gratidão aos proprietários e curadores dos manuscritos que consultei. Meus calorosos agradecimentos ao pessoal da Sala de Leitura de Manuscritos da Biblioteca britânica e da Biblioteca Nacional francesa; aos colegas e mestres do St John College de Oxford, com especial agradecimento a Ruth Ogden; e ao duque de Denvoshire e ao pessoal da biblioteca de Chatsworth, com especial agradecimento a Peter Day e, mais recentemente, a Andrew Peppitt e Stuart Band, por proporcionarem-me uma assistência tão gentil e competente.

Devo igualmente muito ao pessoal das salas de livros raros nas quais trabalhei, principalmente na Biblioteca britânica e na Biblioteca da Universidade de Cambridge. Surpreende-me, contudo, ser atualmente um visitante muito menos frequente desses acervos do que era antes. Essa mudança em meus hábitos deve-se inteiramente à disponibilidade online dos livros ingleses antigos, um banco de dados ao qual todo estudioso de história da primeira modernidade é imensamente, e sempre mais, devedor. Este é também o momento de prestar tributo ao *Oxford Dictionary of National Biography*, que igualmente consultei online e me serviu como autoridade para grande parte da informação biográfica da qual fiz uso.

Devo uma palavra particularmente cordial de agradecimento aos *experts* do departamento de fotografia da Biblioteca britânica, do Museu britânico e da Biblioteca da Universidade de Cambridge. Todos eles responderam às minhas numerosas indagações e requisições com prontidão e paciência infalível. Meus calorosos agradecimentos são também devidos a cada uma dessas instituições que me concederam a permissão para reproduzir imagens das coleções sob os seus cuidados.

Sinto-me não menos grato com as numerosas instituições que apoiaram minha pesquisa. A Universidade de Cambridge continua a oferecer excelentes facilidades de trabalho e uma política generosa de descanso sabático. A Faculdade de História permitiu-me nos últimos três anos dar aulas sobre um "tema especial" decorrente de minha pesquisa, capacitando-me assim a discutir meus achados com muitos alunos excepcionais. O Wissenschaftskolleg zu Berlin indicou-me para uma bolsa no ano acadêmico de 2003-4, no curso do qual procurei terminar um esboço desta e de várias outras partes do trabalho. Sou grato a Dieter Grimm, Joachim Nettlebeck e seu comitê consultivo por depositarem tamanha confiança em meus projetos. Meus agradecimentos também são devidos a

Horst Bredekamp por muitas discussões sobre a *visuelle strategien* de Hobbes, e gostaria de acrescentar uma palavra especial de apreço a Wolf e a Annette Lepenies por sua acolhida amigável. Estou também muito contente por renovar meus agradecimentos à Fundação Leverhulme, que me indicou como pesquisador bolsista sênior por três anos em 2001 e financiou minha estada em Berlim no último ano de minha premiação. Minha profunda gratidão vai para os seus conselheiros não apenas por sua munificência, mas pela doação de tempo cada vez mais preciosa.

Como sempre, recebi assistência exemplar da editora da Universidade de Cambridge. Com Jeremy Mynott discutimos, em numerosas ocasiões, meu projeto, e eu continuei a me beneficiar de seu infalível conselho. Tenho uma grande dívida para com Richard Fischer, que, em meio às suas pesadas responsabilidades como diretor executivo, encontrou algum tempo para ser meu editor. Ele leu meu esboço final, proveu-me com comentários extremamente preciosos e acompanhou-o em todo o processo de edição com entusiasmo, zelo e incansável eficiência, qualidades que tenho quase (mas espero que não inteiramente) tomado por dadas ao longo dos anos. Sou igualmente extremamente grato a Alison Powell por dirigir a produção de meu trabalho com tamanha presteza, e a Frances Nugent pela preparação da edição, como das outras vezes, com um olho maravilhosamente vigilante. Depois de tanto trabalho e de passar por tantas mãos, posso apenas acrescentar (ecoando Hobbes) que, embora alguns erros sem dúvida permaneçam, "não consigo descobrir nenhum, e espero que eles não sejam muitos" (Hobbes, 1843a, p.ix).

NOTAS SOBRE O TEXTO

Bibliografia. Incluí apenas o conjunto das fontes citadas ou mencionadas no texto; os leitores que precisarem de um guia completo da literatura recente sobre a filosofia de Hobbes poderão consultar o "Bulletin Hobbes" publicado anualmente pelos *Archives de philosophie*. Na bibliografia das fontes primárias impressas, as obras anônimas são listadas pelo título. Se uma obra foi publicada anonimamente, mas o nome de seu autor é conhecido, coloco-o entre colchetes.

Nomes e títulos da literatura clássica. Os autores gregos e romanos são citados pelo seu nome simples, que é a forma mais familiar, tanto no texto quanto nas bibliografias. Transliterei os títulos gregos, mas todos os outros estão mencionados em sua forma original.

Datas. Respeitando as fontes, utilizo a versão inglesa do calendário Juliano ("antigo estilo"), no qual o ano é tomado como começando em 25 de março. Onde isso pode dar margem à confusão, acrescentei as datas "novo estilo" entre colchetes.

Gênero. Procurei manter, com relação ao gênero, uma linguagem neutra, tanto quanto possível. Mas algumas vezes é evidente que quando os autores que discuto dizem "ele", *não* estão querendo dizer "ele ou ela", e, nesses casos, me senti obrigado a seguir seus uso para evitar alterar seu sentido.

Referências. Segui basicamente o sistema de datação do autor, mas nele introduzi uma modificação. Quando cito de fontes primárias não atribuíveis a qualquer autor (por exemplo, debates parlamentares), refiro-me a eles pelos nomes de seus editores modernos, mas continuo arrolando-os na bibliografia das fontes primárias impressas. A bibliografia das fontes secundárias apresenta todas as referências às revistas em números arábicos; todas as referências nas notas de rodapé aos capítulos e às seções dos livros são apresentadas no mesmo estilo.

1 – À GUISA DE INTRODUÇÃO: OS COMEÇOS HUMANISTAS DE HOBBES

Quando Thomas Hobbes morreu, no dia 4 de dezembro de 1679, estava a apenas quatro meses de seu nonagésimo segundo aniversário.[1] O que teria sido dele se tivesse morrido com metade daquela idade, ou seja, em meados dos anos 1630? Por um lado, ele ainda teria excedido em quase uma década a expectativa média de vida dos nascidos em 1588, o ano do seu nascimento (Wrigley; Schofield, 1981, p.230, 528). Por outro, jamais seria lembrado como um filósofo político.[2] Foi apenas no fim dos anos 1630, como nos diz no Prefácio ao *De cive* [*Do cidadão*],[3] que ele se sentiu compelido

---

[1] A maior parte das informações biográficas a respeito de Hobbes foi extraída de Skinner (1996). Consulte também Schuhmann (1998) e Malcolm (2002, p.1-26). Para um tratamento particularmente valioso dos primeiros anos de Hobbes, cf. Malcolm (2007a, p.2-15). Utilizei também as duas autobiografias de Hobbes. Tricaud (1985, p.280-1) demonstrou que Hobbes redigiu sua prosa *vita* na década de 1650, dando-lhe os últimos retoques pouco antes de sua morte. O próprio Hobbes nos informa (Hobbes, 1839b, p.xcix, linha 375) que estava com oitenta e quatro anos quando compôs seu mais longo verso *vita*, ou seja, em 1672. O manuscrito de Chatsworth do verso *vita* (Hobbes MS A.6) contém uma grande quantidade de revisões não registradas na edição do texto empreendida por Molesworth.

[2] Admito que não se pode atribuir a Hobbes a autoria dos *Discourses* incorporados em *Horae subsecivae*, publicado anonimamente em 1620. Para as complexas questões acerca da autoria desses textos, ver Skinner (2002a, v.3, p.45-6) e Malcolm (2007a, p.7 e nota).

[3] Edição brasileira com tradução de Renato Janine Ribeiro. (São Paulo: Martins Fontes, 1992). A partir de agora, a obra será sempre citada em português.

pela aproximação da guerra civil a reunir os argumentos então em disputa sobre os direitos de soberania e os deveres dos indivíduos (Hobbes, 1983, p.82). Antes desse tempo, seus interesses e realizações intelectuais tinham sido bem mais típicos de alguém instruído – como Hobbes amplamente o fora – na cultura literária humanista da Renascença.

Por intermédio de seu primeiro biógrafo, John Aubrey, sabemos que, quando menino, Hobbes recebeu uma educação completamente clássica. Seu professor era um jovem homem chamado Robert Latimer, descrito por Aubrey como um "bom helenista", que acabara de se graduar em Oxford (Aubrey, 1898, v.1, p.328-9). Hobbes foi aluno de Latimer dos oito aos catorze anos, realizando sob sua responsabilidade os seis anos de estudo normalmente requeridos para completar o currículo da *grammar school* elisabetana.[4] Ao final desse período, acrescenta Aubrey, Hobbes tinha "aproveitado tão bem seu aprendizado" que "foi como um aluno muito instruído que ingressou no Madgalen-hall, em Oxford" no começo de 1603, antes mesmo de chegar ao seu décimo quinto aniversário (Aubrey, 1898, v.1, p.328). Esta não era a idade usual de um jovem iniciar o ensino superior, mas está claro que Hobbes àquela altura havia adquirido um excepcional domínio dos conhecimentos linguísticos requeridos para ingressar na universidade. Antes de ir para Oxford, conta-nos Aubrey, Hobbes fez uma tradução em verso para o latim de a *Medeia* de Eurípides, que ofereceu ao seu mestre-escola como um presente de despedida (Aubrey, 1898, v.1, p.328-9).

Posteriormente, em sua vida, Hobbes gostava de falar de seus anos em Oxford como pouco melhores do que uma interrupção em suas pesquisas intelectuais. Ele nos diz em sua autobiografia em verso que se viu obrigado a perder tempo ouvindo conferências sobre lógica escolástica e física aristotélica, que, em geral, ele acrescenta no seu tom mais derrisório, estavam muito acima de sua cabeça (Hobbes, 1839b, p.lxxxvi-lxxxvii). Se, contudo, consultarmos os estatutos universitários em vigor no tempo em que Hobbes fez sua graduação, descobriremos que suas lembranças são

---

[4] Daí que o grau mais elevado era geralmente conhecido como *sixth form* (sexto formulário). Sobre o currículo das escolas de gramática para menores, cf. Baldwin (1944, v.1, p.429-35).

como que uma paródia do programa ao qual esteve submetido. Sob as reformas humanistas introduzidas em 1564-5, ele teria passado dois períodos letivos lendo literatura latina, incluindo Horácio, Virgílio e Cícero, seguidos por quatro períodos de retórica, nos quais os textos básicos incluíam os discursos de Cícero e a *Retórica* de Aristóteles (Gibson, 1931, p.378). A esse aprendizado somou-se a obrigação de assistir às conferências públicas na universidade e os cursos complementares que seguiu sobre retórica (Cícero e Quintiliano), bem como sobre literatura antiga (incluindo Homero e Eurípides) e sobre filosofia (incluindo a *República* de Platão e a *Ética* de Aristóteles) (Gibson, 1931, p.344, 390). Em grande parte o currículo de Oxford dessa época estava baseado nos cinco elementos canônicos dos *studia humanitatis* renascentista: o estudo da gramática, seguido da retórica, poesia, história clássica e filosofia moral.[5]

Depois de se graduar, em 1608, Hobbes quase imediatamente entrou a serviço do barão de Cavendish de Hardwick Hall no Derbyshire. Lord Cavendish, que se tornou em 1618 primeiro Conde de Devonshire, empregou Hobbes como tutor de seu filho mais velho, que lhe sucedeu no condado em 1626. Àquela altura, Hobbes atuava como secretário junto ao segundo Conde e estabelecera-se em um estilo de vida calmo e estudioso.[6] Ele nos informa em sua autobiografia em verso que seu primeiro pupilo "proporcionou-me lazer, ao longo de todo esse período, bem como livros de todo gênero para meus estudos".[7] Um catálogo da biblioteca Hardwick, de fins da década de 1620 e de autoria do próprio

---

[5] Sobre a construção desse programa, o clássico estudo permanece sendo o de Kristeller (1961, p.92-119).
[6] Hobbes refere-se a si mesmo na página-título de Hobbes (1629, Figura 1) como *Secretary to ye late Earle of* Devonshire (Secretário do segundo conde de Devonshire).
[7] Hobbes (1839b, p.lxxxviii):

*Ille per hoc tempus mihi praebuit otia, libros
Omnimodos studiis praebuit ille meis.*

Cf. Hobbes MS A.6, no qual o segundo *praebuit* é substituído por *suppeditatque*. Aubrey (1898, v.1, p.337-8) registrou Hobbes dizendo que "na casa de campo do seu senhor havia uma boa biblioteca".

Hobbes,[8] mostra que ele tinha acesso a uma impressionante coleção que abarcava toda a extensão do saber humanista então em voga, que se somavam aos principais textos da Antiguidade grega e latina e às várias centenas de volumes daquilo que ele mais tarde iria estigmatizar como as divindades da escola (Hobbes, 1996, p.463, 472).[9] O catálogo inclui obras de poesia – de Petrarca, Ariosto e Tasso – (Hobbes MS E 1.A, p.123, 134, 136), as histórias de Guicciardini, Maquiavel e Raleigh (Hobbes MS E 1.A, p.80, 83, 96, 107, 129) e os principais trabalhos da teoria moral do Renascimento, como a *Utopia* de Morus, a *Adagia* de Erasmo, o *Cortesão* de Castiglione, os *Ensaios* de Bacon, a *Civile conversazione* de Guazzo e muitas outras (Hobbes MS E 1.A, p.61, 69-70, 77, 83-4, 97, 126).

Quando, nos anos 1620, os interesses intelectuais próprios de Hobbes começaram a despertar, ele inicialmente se devotou aos três elementos centrais dos *studia humanitatis*: retórica, poesia e história clássica. Sua principal realização, em retórica, foi a tradução para o latim do tratado de Aristóteles sobre o tema, uma versão inglesa da qual apareceu anonimamente em 1637, como *A Briefe of the Art of Rhetorique* [Uma nota sobre a arte da retórica] em 1637.[10] Seu maior feito como poeta tomou a forma de *De mirabilibus pecci*,[11] um épico de cerca de quinhentos hexâmetros latinos que ele fez circular aproximadamente na mesma época, embora

---

[8] Hobbes MS E.1.A. Para a data sugerida, cf. Hamilton (1978, p.446), Beal (1987, p.573) e Malcolm (2002, p.143). Malcolm (2007a, p.16n) demonstrou que o catálogo foi concluído em sua maior parte por volta de 1628 (embora existam alguns acréscimos que datam de no máximo meados dos anos 1630).

[9] O catálogo da biblioteca de Hardwick estende-se por 143 páginas, sendo as de número 1-54 inteiramente dedicadas aos *Libri theologici*.

[10] A princípio, Robertson (1886, p.29) identificou o volume – hoje preservado na biblioteca de Chatsworth – como o livro de ditados do terceiro conde, contendo a versão latina da *Retórica* de Aristóteles traduzida para o inglês e publicada como *Briefe* em 1637. Cf. Hobbes MS D.1, Hardwood (1986, p.1-2) e Malcolm (1994, p.815). A versão latina é uma obra de Hobbes, embora Karl Schuhmann tenha negado a autoria hobbesiana da tradução inglesa. (Todos os detalhes serão fornecidos por Schuhmann na edição Clarendon das obras de Hobbes que está para ser lançada). A data da primeira edição da tradução inglesa é indeterminada, embora Arber (1875-94, p.372) tenha demonstrado a inclusão de seu registro no *Stationer's Register* em 1º de fevereiro de 1636 (1637 no novo estilo).

[11] Hobbes (1845a). O manuscrito da biblioteca de Chatsworth (Hobbes MS A.1), uma cópia manuscrita de autoria dupla e desconhecida, inclui vários acréscimos excluídos na edição de Molesworth do texto.

os tivesse escrito uns dez anos antes.[12] Mas foi como estudioso de história clássica que fez sua mais duradoura contribuição às disciplinas humanistas. No início dos anos 1620 ele realizou uma tradução completa da história de Tucídides, que publicou em 1629 com o título de *Eight Bookes of the Peloponnesian Warre* [*Oito Livros da Guerra do Peloponeso*] (Hobbes, 1629).[13] O trabalho foi esplendidamente realizado, e, segundo o próprio Hobbes, os *experts* o acolheram "com não poucos elogios".[14]

Com duas dessas obras, Hobbes também contribuiu para com o estudo da gramática, o primeiro e fundamental elemento dos *studia humanitatis*. Quando os humanistas se referiam à *ars grammatica*, estavam falando da habilidade em ler e imitar o latim e o grego clássicos. Eles tomavam essas habilidades como sendo de máxima importância cultural, o que por sua vez ajuda a explicar por que a arte da tradução gozava de tão extraordinário prestígio no Renascimento. Hobbes, que passou a dominar essa arte desde jovem, demonstrou com sua *Retórica* o talento em traduzir do grego para o latim, e, com sua versão de Tucídides, o talento ainda mais útil de traduzir para o inglês diretamente do grego. Nos últimos anos da década de 1620 ele também fez uma difícil tradução do latim para o inglês,[15] elaborando uma versão manuscrita de um tratado sobre a "razão de Estado" publicado em 1626 sob o título *Altera secretissima instructio*.[16] Sem dispor de tradução anterior alguma à qual recorrer, Hobbes mostrou-se plenamente

---

[12] Wood (1691-2, p.479) sustenta que a obra foi impressa em Londres em torno de 1636 *(printed at Lond about 1636)*. Sobre a data da composição, cf. Malcolm (2007a, p.10-1).

[13] Embora Arber (1875-94, v.3, p.161) tenha demonstrado que Henry Seile, o editor, registrou o livro no Stationer's Register em 18 de março de 1628 (1629 no novo estilo), o mesmo parece ter sido completado um pouco antes. Hobbes nos informa que manteve a tradução consigo "por muito tempo" ("lay long by me") antes de decidir publicá-la. Cf. Hobbes (1843a, p.ix). Para mais informações a respeito da data de composição da obra, cf. Malcolm (2007a, p.11-2).

[14] Hobbes (1839a, p.xiv): "cum nonnulla laude".

[15] Essa descoberta coube a Noel Malcolm, que publicou uma edição da tradução de Hobbes com uma versão definitiva a respeito de sua origem. Cf. Malcolm (2007a).

[16] Sobre a página-título, cf. Malcolm (2007a, p.124); sobre uma tentativa de se datar a tradução em 1627, cf. p.17. A obra é uma peça anônima de propaganda em apoio à causa dos Habsburgos durante a Guerra dos Trinta Anos.

capaz de produzir uma interpretação exata de um texto denso e empolado de Tácito.[17]

A tradução de Tucídides, feita por Hobbes, revela que ele era um seguidor fiel das práticas literárias humanistas de uma maneira nova e ainda mais surpreendente. Sua edição abre com um frontispício emblemático espetacular em que se procura representar alguns dos principais temas da narrativa de Tucídides. Na época em que Hobbes fazia a tradução, esse interesse em articular palavra e imagem havia se tornado uma profunda preocupação da cultura humanista, que muito devia à influência da afirmação-chave de Quintiliano, segundo a qual o meio mais efetivo de emocionar e persuadir uma audiência será sempre o de fornecer a esta uma *imago* ou pintura daquilo que queremos lhe fixar na mente (Quintiliano, 1920-2, v.2, p.434).[18] Quintiliano havia se interessado sobretudo pelo conceito da imagem verbal, e, portanto, pelo poder persuasivo inerente às figuras e tropos do discurso. Mas daí à afirmação de que as imagens visuais poderiam ser capazes de exercer um efeito ainda mais potente bastou um pequeno passo. Como Francisco Junius iria afirmar, em 1638, no seu tratado sobre *The Painting of the Ancients* [As pinturas dos antigos], se de um orador eloquente e de um pintor habilidoso pode-se dizer que um e outro "possuem uma força oculta para emocionar e compelir nossas mentes", as imagens visuais geram um impacto tão grande que sempre "o farão com mais efetividade" (Junius, 1638, p.55).[19]

Uma implicação óbvia daí decorrente é que o meio mais efetivo de capturar a atenção das pessoas é apelando, ao mesmo tempo, para seus olhos e ouvidos. A prevalência dessa crença ajuda, por sua vez, a explicar o florescimento imensamente popular, no fim do século XVI, de um novo gênero literário: os *emblemata,* ou livros de emblemas.[20] O principal pioneiro nesse

---

[17] Malcolm (2007a, p.24) sublinhou o aspecto "quase parodicamente taciteano" do seu estilo.
[18] Para uma discussão, cf. (Skinner, 1996, p.182-8).
[19] Sobre este "ocularcentrismo" na cultura humanística da Renascença, cf. Clark (2007, em especial p.9-14).
[20] A informação que segue foi parcialmente extraída do guia *on-line* da coleção Stirling Maxwell (University of Glasgow) de livros de emblemas. Para mais referências a respeito da emergência desse gênero, e da compreensão hobbesiana do mesmo, cf. também Farneti (2001).

desenvolvimento foi o jurista humanista Andrea Alciato, cuja *Emblemata* apareceu inicialmente em Augsburgo em 1531. O texto de Alciato era reimpresso com frequência, e uma versão latina definitiva saiu na cidade de Lion, em 1550, ano da morte do autor.[21] A técnica de Alciato, consistente em justapor imagens edificantes e versos para explicá-las, foi inicialmente acolhida na França com o maior entusiasmo. Os pioneiros aqui foram Guilherme de La Perrière, cujo *Theatre des bons engines* foi publicado em 1540,[22] e o jurista humanista Pierre Coustau, cujo *Le pegme* de Pierre, de 1560, foi a primeira coleção a incluir "narrações filosóficas" em que as imagens eram mais plenamente explicadas.[23] Uma inovação suplementar foi introduzida por Georgette de Montenay em seus *Emblemes*, de 1567,[24] de caráter severamente calvinista: primeira obra desse tipo a ser ilustrada com gravuras incisas, e não com gravuras sobre madeira, mais simples, usadas até então. Enquanto isso, a tradição italiana continuou a ser importante na evolução do gênero como veículo, seja do pensamento moral e político, seja religioso. O *Symbolicarum quaestionum* de Achille Bocchi foi publicado em 1555 e, novamente, em 1574,[25] e em 1593 apareceu em Roma uma das mais influentes entre todas essas obras, a *Iconologia* de Cesare Ripa, que conheceu sete outras edições italianas na primeira metade do século XVII.[26] Pode-se dizer que o gênero desembarcou na Inglaterra em 1586, ano em que Geoffrey Whitney, inspirando-se fortemente em Alciato, produziu seu *Choice of*

---

[21] A edição utilizada por mim foi basicamente a de Alciato (1550), embora me refira também à edição de 1621 do mesmo autor, na qual o texto foi reimpresso com comentários. Para uma versão moderna da edição de 1550, com traduções e notas, cf. Alciato (1996).

[22] Todavia, a edição utilizada por mim foi a de La Perrière (1614), a primeira tradução inglesa.

[23] Essa característica está ausente na versão original de 1550, surgindo pela primeira vez na edição francesa de 1560, a qual portanto utilizo.

[24] Montenay (1571), edição a que recorro, foi considerada até recentemente a primeira impressão da obra, embora uma datação anterior se encontre demonstrada em Adams (2003, p.10).

[25] Bocchi (1574) foi a edição utilizada aqui. Sobre o lugar ocupado por Bocchi na história dos livros de emblema, cf. Watson (1993).

[26] Ripa (1611) é a edição utilizada por mim. Uma versão fac-símile foi publicada em 1976.

Emblemes [Escolha de emblemas],[27] depois do qual, nas primeiras décadas do novo século, textos similares foram publicados por Henry Peacham, Francis Quarles, George Wither e outros.

O catálogo da biblioteca Hardwick mostra que Hobbes tinha acesso a alguns exemplos desse gênero bem conhecido e em pleno florescimento, e há numerosas convergências a serem observadas entre os *topoi*, frequentemente tratados nos livros de emblemas, e alguns de seus próprios compromissos morais e políticos. A biblioteca Hardwick possuía um exemplar dos *Emblemata* de Antoine de La Faye, de 1610 (La Faye, 1610),[28] bem como dos *Emblemas morales* de Sebastián de Covarrubia, publicados em Madri no mesmo ano (Hobbes MS E.1.A, p.71, 80). No catálogo Hardwick há também uma entrada intitulada *Thesaurus politicus* (Hobbes MS E.1.A, p.115), uma possível referência ao belo livro de emblemas produzido por Daniel Meisner em 1623, cujo título inteiro era *Thesaurus philo-politicus*, no qual as mensagens morais eram incorporadas em uma série de gravuras de cidades europeias (Meisner, 1623).[29]

Um ulterior desenvolvimento no uso dos *emblemata* começou a se fazer sentir na Inglaterra no fim do século XVI. Foi nessa altura que apareceu pela primeira vez o fenômeno mais tarde conhecido como "frontispício refinado",[30] e é admirável que algumas das imagens mais impressionantes tenham sido desenhadas para acompanhar as traduções dos maiores textos gregos e latinos que surgiram no mesmo período. Um exemplo precoce pode ser encontrado na tradução para o inglês que Thomas North fez de *Vidas* de Plutarco, na qual um emblema é incorporado na página-título.[31] Um frontispício emblemático mais complexo pode ser encontrado na tradução de Tito Livio para o inglês feita por Philemon Holland em

---

[27] Whitney (1586) lançou mão de cerca de oitenta emblemas de Alciato. Quanto à sua dívida perante a tradição continental, cf. Manning (1988).
[28] Neste caso, embora o trabalho fosse constituído de epigramas latinos em um estilo típico dos livros de emblemas, os mesmos não eram ilustrados.
[29] Contudo, a referência presente no catálogo pode ser à tradução latina do *Tesoro politico* (1602), de Comino Ventura.
[30] A data aproximada foi sugerida por Corbett e Lightbown (1979, p.34).
[31] Plutarco (1579), página-título; o emblema mostra a âncora da fé.

1600,[32] um outro em sua tradução de Suetônio, de 1606 (Suetônio, 1606),[33] e ainda outro, de uma complexidade bem maior, na tradução de Sêneca por Thomas Lodge em 1620.[34]

A biblioteca Hardwick possuía todos esses livros (Hobbes MS E.1.A, p.93 – Livy; p.103 – Plutarco; p.109 – Sêneca; p.111 – Suetônio),[35] bem como um grande número de obras contemporâneas com frontispícios emblemáticos, particularmente elaborados, incluindo o *Advancement of Learning* [Avanço do aprendizado] de Francis Bacon e o *Anatomy of Melancholy* [Anatomia da melancolia] de Robert Burton (Hobbes MS E.1.A, p.61 – Bacon; p.63 – Burton). Quando Hobbes ornou a sua tradução de Tucídides com um não menos elaborado frontispício, estava se inserindo assim em uma tradição humanista bem estabelecida de eloquência visual.[36] Ele não demorou a aproveitar a oportunidade oferecida pelo estilo consagrado dos livros de emblemas para assinalar a moral presumida da narrativa de Tucídides. Se observarmos o frontispício (Figura 1), notaremos que somos encorajados a lê-lo tanto vertical quanto horizontalmente, contemplando a confrontação entre Arquidamos e Péricles, os dois líderes quando da eclosão da Guerra do Peloponeso, e, ao mesmo tempo, refletindo sobre seus métodos contrastantes de governar. Sob a figura de Arquidamos, vemos os *aristoi* de Esparta deliberando ativamente com seu rei; sob a figura de Péricles, vemos o povo de Atenas ouvindo passivamente (ou em alguns casos não

---

[32] Livy (1600), página-título; no emblema, que inclui as balanças da justiça, lê-se *quibus respublica conservetur* (por estes meios a república é preservada). A respeito do uso anterior do mesmo motivo, cf. Sambucus (1566, p.97).

[33] O emblema mostra um guerreiro a cavalo atacando um inimigo prostrado com uma lança e a seguinte inscrição: *sic aliena* ("assim [tratamos] os corpos estranhos").

[34] Lodge (1620), página-título. A tradução de Lodge veio a lume em 1614, embora tenha sido publicada sem a emblemática página-título.

[35] A tradução de Sêneca podia ter sido a primeira edição (1614), à qual faltava o frontispício.

[36] Além desse emblemático frontispício, Hobbes lança mão de outras quatro ilustrações para esclarecer o argumento de Tucídides. A primeira consiste de um mapa dobrável que, produzido por ele próprio, localiza os lugares mencionados no texto (sig. c, 4); a segunda é uma pintura da frota armada ateniense em linha de batalha (entre as páginas 214-5); a terceira é um mapa da Sicília antiga (entre as páginas 348-9); a quarta é uma pintura de Siracusa sitiada pelos atenienses (entre as páginas 404-5).

ouvindo) uma arenga. Nas democracias, como Hobbes iria explicar posteriormente em *Os elementos da lei natural e política*, "não há nenhum meio que permita deliberar e dar conselho sobre o que fazer", de modo que "uma democracia, com efeito, não é mais que uma aristocracia de oradores, às vezes interrompida pela monarquia temporária de um único orador" (Hobbes 1969a, p.120-1).

1. Hobbes, Thomas (1629). *Eight Bookes of the Peloponnesian Warre*, London, frontispício.

Os trabalhos posteriores de Hobbes sobre filosofia civil revelam um entusiasmo não menos marcado pela representação visual de suas ideias políticas. Isto é por si só notável, pois procuraríamos em vão um interesse comparável entre os outros principais teóricos políticos de seu tempo: Bodin nada oferece que se pareça a um sumário emblemático de seus raciocínios; tampouco o fazem Vásquez, Suarez, Althusius ou Grotius. Hobbes, ao contrário, apresenta-nos dois outros frontispícios emblemáticos de fascinante complexidade: o primeiro em seu *Do cidadão*, de 1642, no qual uma das representações principais é da *Libertas*, e depois em seu *Leviatã*[37] de 1651, no qual se fez uma tentativa de representar a *persona ficta* do Estado. Nenhuma interpretação das teorias de Hobbes sobre a liberdade e a obrigação pode se permitir negligenciar essas traduções visuais de seu raciocínio, e a cada uma delas retornarei no momento oportuno.

Logo depois de sua tradução de Tucídides publicada em 1629, os interesses intelectuais de Hobbes começaram a sofrer uma mudança significativa, no curso da qual suas antigas preocupações humanistas foram deixadas para trás.[38] Porém, mesmo nesse estágio, ele não dirigiu imediatamente sua atenção para os problemas da filosofia política. Enquanto servia como preceptor do terceiro Conde de Devonshire, nos primeiros anos da década de 1630, ele passou a se envolver cada vez mais com experiências científicas, levadas a cabo pelos primos do Conde, Sir Charles Cavendish e seu irmão mais velho, o Conde de Newcastle (Tuck, 1989, p.11-3; Malcolm, 1994, p.802-3; 813-4). O fascínio de Hobbes pelas ciências naturais aprofundou-se entre 1634 e 1636, quando acompanhou o jovem Conde no seu Grand Tour pela França e pela Itália. Durante sua estada em Paris em 1634, Hobbes primeiro travou conhecimento com Marin Mersenne, a quem descreveria posteriormente em sua biografia em verso como "o eixo em torno do qual giravam cada uma

---

[37] A edição brasileira foi traduzida por João Paulo Monteiro e Maria Beatriz Nizza da Silva (São Paulo: Abril, 1974). A partir de agora a obra será sempre citada em português.
[38] Mas não inteiramente: como evidência de suas contínuas preocupações humanísticas, cf. Skinner (1996) e Hoekstra (2006).

das estrelas do mundo da ciência".[39] "Ao comunicar diariamente a Mersenne meus pensamentos", lembra Hobbes, sentiu-se encorajado a investigar as leis da física e, acima de tudo, o fenômeno do movimento.[40] "Comecei a pensar, sem parar, sobre a natureza das coisas, quer estivesse em um barco ou em uma carruagem, quer viajando a cavalo. E resultou-me que há somente uma coisa no mundo todo que é real, ainda que indubitavelmente falsificada de muitas maneiras."[41] Essa realidade singular, ele sempre sustentou subsequentemente, nada mais é do que o movimento, "razão pela qual quem desejar compreender a física deve se devotar ao estudo desse fenômeno antes de qualquer outra coisa".[42]

Essas descobertas, por sua vez, permitiram a Hobbes chegar ao que considerou sua intuição fundamental: que todo o mundo do movimento, "e por consequência toda espécie de filosofia", consiste em apenas três elementos, *Corpus, Homo, Civis* (o corpo, o homem e o cidadão).[43] Esses foram, portanto, os objetos de estudo, ele explicou, nos quais decidiu mergulhar, começando com "os vários

---

[39] Hobbes (1839b, p. xci), linhas 177-8:

> *Circa Mersennum convertebatur ut axem*
> *Unumquodque artis sidus in orbe suo.*

[40] Hobbes (1839a, p.xiv): "cogitais suis cum Reverendo Patre Marino Mersenno... quotidie communicatis". Hobbes viveu em Paris por pelo menos um ano entre 1634 e 1635. Cf. Cartas 12 a 16 em Hobbes (1994, v.1, p.22-30). Sobre a importância dessa visita para seu desenvolvimento filosófico, cf. Brandt (1928, p.149-60).

[41] Hobbes (1839b, p.lxxxix), linhas 109-12:

> *Ast ego perpetuo naturam cogito rerum,*
> *Seu rate, seu curru, sive ferebar equo*
> *Et mihi visa quidem est toto res unica mundo*
> *Vera, licet multis falsificata modis.*

[42] Hobbes (1839b, p.lxxxix), linhas 119-20:

> *Hinc est quod, physicam quisquis vult discere, motus*
> *Quid possit, debet perdidicisse prius.*

[43] Hobbes (1839b, p. xc), linhas 137-8:

> *Nam philosophandi*
> *Corpus, Homo Civis continet omne genus.*

tipos de movimento", passando aos "movimentos internos dos homens e aos segredos do coração" e concluindo com "os benefícios do governo e da justiça".[44] Estabelecido este quadro, "decidi-me a compor um livro sobre cada um desses tópicos, e comecei a reunir meus materiais a cada dia".[45]

Foi a essa altura, contudo, que Hobbes se viu obrigado a abandonar a ordem de seu grande projeto e a se concentrar naquilo que deveria ser sua seção final, o estudo do governo e da justiça. Ele forneceu a mais completa explicação dessa mudança de direção no Prefácio que acrescentou ao seu *Do cidadão* quando o republicou em 1647:

> Havia eu já reunido os primeiros Elementos de Filosofia, agrupando-os em três seções, e começado pouco a pouco a escrever sobre eles quando, nesse ínterim, aconteceu que meu país, alguns anos antes de a guerra civil eclodir, começaram a agitar-se por questões sobre o direito de Soberania e o dever dos cidadãos de lhe obedecer – precursores da guerra que se aproximava. Foi essa a razão para ter completado e dado a público a terceira parte de meu sistema e posto de lado o resto. Consequentemente, aquela parte que, pela ordem, deveria ter sido a última, veio a ser, contudo, a primeira no tempo.[46]

---

[44] Hobbes (1839b, p.xc), linhas 133-6:

> *Motibus a variis feror ad rerum variarum*
> *Dissimiles species, materiaeque dolos;*
> *Motusque internos hominus, cordisque latebras:*
> *Denique ad imperii iustitiaeque bona.*

[45] Hobbes (1839b, p.xc), linhas 139-140:

> *Tres super his rebus statuo conscribere libros;*
> *Materiemque mihi congero quoque die.*

[46] Hobbes (1983, Praefatio, 18-19, p.82): *Elementa prima [Philosophiae] congerebam, & in tres Sectiones digesta paulatim conscribebam... accidit interea patriam meam, ante annos aliquot quam bellum civile exardesceret, quaestionibus de iure Imperii, & debita civium obedientia belli propinqui praecursoribus fervescere. Id quod partis huius tertiae, caeteris dilatis, maturandae absolvendaeque causa fuit. Itaque factum est ut quae ordine ultima esset, tempore tamen prior prodierit.*

A versão original do trabalho ao qual Hobbes está aqui se referindo era *The Elements of Law, Naturall and Politique*,[47] cujo manuscrito completou não antes de maio de 1640.[48] Ele dedicou *Os elementos* ao Conde de Newcastle, exprimindo a esperança, em sua Epístola introdutória, que este último conseguiria fazer com que o livro chamasse a atenção "dos mais de perto concernidos com a matéria" – incluindo presumivelmente o próprio rei (Hobbes, 1969a, p.xvi). *Os elementos* permaneceu sem publicação por dez anos, mas Hobbes assegura-nos que, em 1640, "apesar de não impresso, muitos fidalgos tinham cópias dele" (Hobbes, 1840b, p.414).[49] Este "pequeno tratado em inglês", como o chamava, corporifica seu exame dos "muitos aspectos do poder régio" que ele considerava "necessários à paz do reino" (Hobbes, 1840b, p.414). É para o caráter da teoria política nele contido que nos voltaremos a seguir.

---

[47] Este é o modo pelo qual o título aparece em B. L. Harl. MS 4235.
[48] Hobbes (1969a, p.xvi), Epistle Dedicatory (Epístola Dedicatória), assinada em 6 de maio de 1640. Tönnies (1969, p.v-viii) foi o primeiro a reconhecer que foi este o trabalho completado e veiculado por Hobbes em 1640. Como as observações de Hobbes no Prefácio do *De cive* parecem sugerir, e como o trabalho de Baumgold (2004 p.31-3) destacou, a maior parte do texto parece ter sido redigida antes de 1640.
[49] Cf. Malcolm (2002, p.96 e nota) para evidências a respeito da circulação do manuscrito na década de 1640.

2 – *OS ELEMENTOS DA LEI*: DESCRIÇÃO DA LIBERDADE

I

Os elementos da lei natural e política de Hobbes contém duas partes e, quando foram impressos, em 1650, foram publicados como dois tratados separados.[1] Os primeiros treze capítulos, nos quais Hobbes expõe "a natureza inteira do homem, compreendendo os poderes naturais do seu corpo e de sua mente" (Hobbes, 1969a, 14.1, p.70),[2] apareceram, em fevereiro de 1650, sob o título *Humane Nature* (Hobbes, 1650a).[3] O restante do texto, no qual considera como os homens dotados desses poderes podem esperar alcançar "uma segurança suficiente para sua paz comum" (Hobbes, 1969a, p.103), foi publicado três meses depois, com o título *De corpore político* (Hobbes, 1650b).[4]

---

[1] Porém não está claro se Hobbes inicialmente autorizou a publicação dessa maneira.
[2] Ao citar *Os elementos* e *De Cive*, ofereço referências por capítulo, parágrafo e página. Embora tanto o manuscrito da biblioteca de Chatsworth de *Os elementos* como o manuscrito de B. L. Harl no qual se baseia a edição de Tönnies reiniciem a numeração do capítulo após o Capítulo 19, optei (para evitar toda possível confusão) pela numeração contínua.
[3] Na página-título da cópia de Thomason (British Library) está inscrito "dois de fevereiro" ("ffeb. 2").
[4] A página-título da cópia de Thomason (British Library) assinala "4 de maio".

Em sua Epístola introdutória, Hobbes comunica ao Conde de Newcastle que o livro inteiro concerne "à lei e à política" (Hobbes, 1969a, p.xvi). Assinala ansioso, contudo, que ao tratar desses temas não está renunciando aos seus interesses científicos. Como ele explica, há dois tipos de corpos a serem investigados pela ciência. Por um lado, há os corpos naturais, cujo comportamento pode ser compreendido "comparando figuras e movimentos" (Hobbes, 1969a, p.xv). Mas, por outro, existem os corpos políticos, cujos movimentos não são menos suscetíveis de serem reduzidos "às regras e à infalibilidade da razão" (Hobbes, 1969a, p.xv-xvi). O nome correto para o estudo de tais corpos, acrescentou depois, é "política" ou "filosofia civil",[5] e, não sem ousadia, reivindicou um estatuto científico para sua própria contribuição a essa disciplina aludindo no título de seu livro ao célebre tratado de Euclides, que Henry Billingsley traduzira em 1571 com o título *The Elements of Geometrie* [Elementos de geometria] (Euclides, 1571).[6]

O método que Hobbes adota para estudar as leis que governam os corpos políticos consiste em estabelecer as definições dos termos-chave implicados, depois dos quais deduz as consequências. Assim procedendo, é possível, ele acredita, "estabelecer esses princípios sobre fundamentos tais que a paixão descrente não procure desautorizá-los" (Hobbes, 1969a, p.xv). É surpreendente constatar, sendo esta a sua estratégia preferida,[7] que ele não faz nenhum esforço para se estender sobre isso quando passa a examinar o conceito central de liberdade. Ele nunca fornece uma definição formal do conceito em qualquer ponto; seu procedimento consiste simplesmente em distinguir duas situações nas quais faz sentido, acredita ele, falar de liberdade humana, e ilustrar detalhadamente o caráter da liberdade envolvida. Devemos agora examinar a maneira precisa pela qual aborda a questão.

---

[5] Cf. em Hobbes (1996, p.61) o quadro que expõe *os Diferentes Objetos do Conhecimento (The Several Subjects of Knowledge)*.
[6] O Prefácio assinala (sig. A, iiiv) "9 de fevereiro de 1570" (1571 no novo estilo).
[7] Aspecto destacado por Baumgold (2004, p.25-7).

II

Hobbes apresenta sua primeira discussão sobre a liberdade humana no fim da seção que consagra aos poderes do intelecto humano.[8] Antes de efetuar uma ação, ele explica, pode-se dizer que possuímos a "liberdade de fazer ou não" a ação em questão (Hobbes, 1969a, p.61). O processo ao fim do qual tomamos a decisão de efetuar uma ação pode, portanto, ser dito que consiste na "retirada de nossa própria liberdade" (Hobbes, 1969a, p.61). Consequentemente, Hobbes descreve o processo como um ato pelo qual nós mesmos *deliberamos*, ou seja, como uma deliberação. Quando deliberamos sobre se devemos ou não efetuar uma ação que está em nosso poder, entramos em um processo de alternância entre nossos apetites, que nos inclinam a agir, e nossos medos, que nos impedem de prosseguir. Quando finalmente escolhemos fazer ou conter, chegamos a uma vontade determinada, porque "na deliberação o último apetite, como também o último medo, chama-se VONTADE, ou seja, o último apetite quer fazer; o último medo não quer fazer, ou quer omitir" (Hobbes, 1969a, p.61-2).

Essa análise tem uma implicação contraintuitiva que Hobbes é incisivo em enfatizar. Essa implicação vem à superfície tão logo ele considera aquelas situações nas quais, como afirma, experimentamos a dificuldade de escolher: situações em que nos vemos compelidos a agir ou a abster-nos, ou nas quais sentimos que estamos agindo sob coação. Como exemplo de tal situação deplorável, ele cita um caso que deveria ser familiar a muitos dos seus primeiros leitores, particularmente porque Aristóteles o havia discutido no livro 3 da *Ética a Nicômaco* (1110a), e em parte porque havia sido recuperado e ilustrado por um grande número de livros de emblemas. O caso é o do homem que, nas palavras de Hobbes, "do navio lança seus bens ao mar para salvar a sua pessoa" (Hobbes, 1969a, p.62).

---

[8] James (1997, p.269-84) oferece uma análise das concepções hobbesianas da etiologia da ação, das quais sou particularmente devedor.

2. Camerarius, Joachim (1605). *Symbolorum et emblematum centuriae tres*, Leipzig, pt. 4, fo. 3.

Esse dilema foi justamente representado por Joachim Camerarius em seu *Symbolorum et emblematum centuriae tres*, de 1619.[9] Difícil é imaginar que essa imagem não tivesse chamado a atenção dos leitores de Hobbes, ao mostrar um navio pesadamente carregado sendo perseguido por um leviatã (Figura 2). Para Camerarius, não podia haver dúvida sobre o que deveria ser feito em uma tal situação deplorável, como os versos unidos à imagem declaram convenientemente. "Para que tua pessoa, teu navio e tua tripulação fiquem fora de perigo, você deve atirar todas as tuas riquezas ao mar".[10]

---

[9] Sobre Camerarius, cf. Farneti (2001, p.370-1) e as referências ali dadas.
[10] Camerarius (1605), parte 4, fo. 3: *Ut te ipsum & navim serves, comitesque peric[u]li/ In pontum cunctas abiice divitias.*

Para Hobbes, contudo, como para Aristóteles, surge uma questão suplementar que é a de saber se, ao seguir esse conselho, estamos agindo ou não segundo nossa vontade. A *Ética* de Aristóteles estava disponível em inglês desde 1547, quando John Wilkinson publicou sua tradução abreviada,[11] e, nessa versão, faz-se Aristóteles dizer que um homem que efetua tal ação a fará "em parte por sua vontade e em parte não conforme a sua vontade" (Aristóteles, 1547, sig. C, 5ʳ). A réplica contraintuitiva de Hobbes afirma que o comportamento do homem "não é mais contra sua vontade, como fugir do perigo não é contra a vontade de quem não vê outro meio de preservar-se" (Hobbes, 1969a,12.3, p.62). Embora ele esteja agindo indubitavelmente sob compulsão, sua ação é, contudo, o produto de sua vontade, e deve, portanto, ser classificada como "completamente voluntária" (Hobbes, 1969a,12.3, p.62).

É verdade que, se nos voltarmos às seções políticas de *Os elementos*, e, em particular, às análises que Hobbes faz dos diferentes métodos para estabelecer corpos políticos, deparamo-nos com uma linha de argumentação muito diferente. Quando, no Capítulo 22, Hobbes introduz a discussão sobre o que chama de soberania "por aquisição" (Hobbes, 1969a, 22.1, p.127; cf. 23.10, p.135), parece contradizer sua afirmação precedente de que, quando agimos sob coação, agimos, não obstante, voluntariamente. Ele estabelece agora uma distinção forte entre, por um lado, o "voluntário oferecimento à sujeição" e, por outro, a "submissão por coação" (Hobbes, 1969a, 22.2, p.127). Contudo, isso parece ser um deslize, pois, no seu tratamento das convenções no Capítulo 15, sublinha enfaticamente sua precedente e mais desenvolvida interpretação da voluntariedade.[12] Quando, por medo, estabelecemos convenção, declara ele agora, seguimos exatamente o mesmo processo de deliberação tal como agimos quando movidos por uma paixão mais positiva como a cobiça. No primeiro caso, agimos movidos por nossa última aversão; no segundo, por nosso último apetite. Mas, em ambos

---

[11] Wilkinson realizou sua tradução a partir da versão da *Ética* de Brunetto, ela mesma uma tradução da versão de Hermannus Alemannus de um resumo escrito em árabe.
[12] Uma maior discussão deste ponto fundamental encontra-se em Sommerville (1992, p.181-2).

os casos, nosso comportamento exprime igualmente nossa vontade, que é simplesmente outro nome para designar nossa escolha última e determinante. Não há, portanto, "nenhuma razão para que o que fazemos por medo ser menos firme do que o que fazemos por cobiça" (Hobbes, 1969a, 15.13, p.79). A proposição inicial de Hobbes de que as ações feitas sob coação são "completamente voluntárias" é reafirmada sem ambiguidade alguma.

Apesar de a análise de Hobbes da deliberação ser caracteristicamente vigorosa e direta, é possível considerar que, sobre o tema da liberdade de ação, suscita mais perplexidades do que resolve. Quando deliberamos, de acordo com Hobbes, adquirimos a vontade de efetuar uma ação que acreditamos estar em nosso poder. Mas o que ocorre se descobrimos, depois de madura deliberação, que, embora tenhamos a vontade de efetuar a ação, carecemos do poder de levá-la a cabo? Isso equivale a descobrir que não somos depois de tudo livres para efetuar a ação? Em outras palavras, qual é a relação entre possuir a liberdade de ação e possuir o poder de agir? Sobre essa questão, Hobbes, em *Os elementos*, não tem nada a dizer.

Um problema surge em conexão com a ideia de agir livremente. Hobbes o formula no Capítulo 12, e o repete no 15, qual seja, que quando agimos sob coação, ou forçados, agimos, não obstante, segundo nossa vontade. É isso equivalente a agir livremente? Quando se volta, no Capítulo 23, ao estudo das convenções que permitem instituir os corpos políticos, ele responde negativamente, fazendo uma distinção inequívoca entre agir "sob coação" e agir "livremente" (Hobbes, 1969a, 23.9, p.134). Mas, então, como devemos entender esse novo contraste? *Os elementos* não contém uma resposta explícita a essa questão, e Hobbes nunca esclarece nem mesmo faz referência a essa suposta distinção em qualquer outro ponto do texto.

Assim, se é possível dizer que Hobbes em sua análise nos deixa com muitos pontos em aberto, contudo, apresenta-nos duas hipóteses poderosas sobre a etiologia da ação. Ambas são expostas como se fossem autoevidentes, e Hobbes compraz-se em causar esse efeito retórico. Mas isso torna deveras importante enfatizar que as duas principais doutrinas com as quais ele próprio está comprometido eram intensamente controversas na época. Juntas constituem uma das rupturas mais revolucionárias com relação aos seus contemporâneos.

De acordo com a primeira doutrina defendida por Hobbes, a vontade não é mais que o nome do último apetite ou do último medo que põe um fim à deliberação. Aqui ele refuta implicitamente toda a interpretação escolástica da vontade como uma das faculdades permanentes da alma humana, a faculdade que nos capacita a querer livremente e, portanto, a agir livremente.[13] Ele foi rudemente lembrado dessa ortodoxia quando John Bramhall, o bispo anglicano de Derry, atacou com veemência a teoria hobbesiana da deliberação em sua *Defence of True Liberty* [Defesa da verdadeira liberdade], publicada em 1655. Uma das mais grosseiras confusões de Hobbes, Bramhall objeta, é que "ele confunde a vontade como faculdade com o ato de volição" (Bramhall in Hobbes, 1841b, p.360). Por se concentrar sobre o puro ato de querer, Hobbes não consegue reconhecer que todas as volições nascem "da faculdade ou do poder de querer, que reside na alma". Ele não consegue apreciar que esse "poder fundamental da alma racional" se origina por sua vez de Deus, "que criou e infundiu a alma no homem, e dotou-o com esse poder".[14] Na base do ataque de Bramhall a Hobbes estava a acusação não apenas de este ter cometido um erro filosófico mas de ter fomentado crenças ateístas.

Hobbes respondeu no ano seguinte, publicando *The Questions Concerning Liberty, Necessity and Chance* [Questões concernentes à liberdade, à natureza e ao acaso].[15] Embora enraivecido pela acusação de ateísmo, lançada por Bramhall, que condenou como ofensiva e incivil (Hobbes, 1841b, p.2, 22), Hobbes não se deixou nem um pouco intimidar pela erudita defesa da causa escolástica por parte de seu adversário. Se é verdade, assegura a Bramhall no seu tom mais irônico, que "confundi a *faculdade* da *vontade* com o *ato de volição*", então "devo, portanto, ter me afastado muito dos

---

[13] Sobre esta compreensão, sobretudo conforme articulada por Suarez, cf. Pink (2004, p.127-44). Quanto às relações existentes entre o argumento hobbesiano e o ataque reformista à filosofia escolástica, cf. Damrosch (1979). Sobre Hobbes como crítico do escolasticismo, cf. Foisneau (2000, p.359-94).
[14] (Bramhall in Hobbes, 1841b, p.373).
[15] Sobre as discussões a respeito das respostas de Hobbes a Bramhall, cf. Overhoff (2000, p.129-76) e Pink (2004, p.144-50).

meus próprios princípios", um dos quais estabelece não existir tal coisa intitulada faculdade da vontade (Hobbes, 1841b, p.362). Quando falamos da vontade, não podemos nos referir a qualquer outra coisa que não seja um ato de volição específico, porque é impossível para quem quer que seja "querer algo que não esta ou aquela coisa particular" (Hobbes, 1841b, p.378).

A outra doutrina-chave de Hobbes é que os antecedentes da ação são constituídos sempre pelas paixões, todas as quais tomam a forma seja de apetites que nos levam a agir, seja de aversões que nos impedem de fazê-lo. Ele conclui que "os primeiros começos despercebidos de nossas ações" devem residir, portanto, inteiramente no domínio desses sentimentos (Hobbes, 1969a, 12.1, p.61). Com essas afirmações, refuta implicitamente um consenso ainda maior sobre a natureza da ação livre. Um dos pressupostos filosóficos de seu tempo, quase inquestionável, era que os agentes autenticamente livres são invariavelmente movidos a agir pela razão, enquanto oposta à paixão ou ao apetite. Era amplamente aceito que agir impelido pela paixão não é agir como um homem livre, ou até mesmo agir especificamente como homem; tais ações não são expressão de verdadeira liberdade, mas de pura licença ou bestialidade.

Essas crenças estavam como que incorporadas na filosofia das Escolas, como Hobbes viu-se obrigado a lembrar quando Bramhall as reafirmou em sua *Defence of True Liberty* [Defesa da verdadeira liberdade]. "Um ato livre", Bramhall replicou, "é somente o que procede da eleição livre da vontade racional" (Bramhall in Hobbes 1841b, p.363 e 40). Consequentemente os que agem impelidos pela paixão "não agem livremente" (Bramhall in Hobbes 1841b, p.82 e 280). "Onde não há consideração nem uso da razão, não há absolutamente liberdade" (Bramhall in Hobbes 1841b, p.279). Aqueles que cedem aos seus apetites estão simplesmente exercitando "uma liberdade semelhante à das bestas", envolvendo-se em meros "movimentos animalescos" opostos às ações livres, que somente podem provir da razão e consequentemente da "verdadeira liberdade" (Bramhall in Hobbes, 1841b, p.40 e 90).

À época que Hobbes estava escrevendo, essas afirmações não estavam menos impregnadas de cultura literária humanista do Renascimento. Os humanistas pareciam estar inspirados mais em

Platão do que em Aristóteles, com o *Timeu*, do primeiro, exercendo evidentemente uma influência decisiva. Erasmo incluíra uma paráfrase do *Timeu* em seu *Enchiridion militis christiani*, de 1501, e com a tradução deste para o inglês, em 1533, uma concepção platônica da liberdade e da razão penetrou na principal corrente do pensamento humanista inglês. Erasmo explica como Platão, "por inspiração de Deus", foi levado a falar no *Timeu* das duas almas do homem, uma governada pela razão ou pelo espírito e a outra pelas afeições ou pela carne (Erasmo, 1533, sig. D, 3^r). Do homem governado pelas afeições, com "a liberdade de fazer o que lhe apraz" (Erasmo, 1533, sig. C, 7^r) não se pode dizer que é verdadeiramente livre; se a sua razão "o conduz lá onde seus apetites ou afeições o chamam", está vivendo em "servidão certa e segura" (Erasmo, 1533, sig. E, 1^r). A moral esboçada por Erasmo é que, se tais pessoas estão "para recuperar novamente sua liberdade", devem agir à luz da razão antes que tornem a si mesmas escravas dos seus desejos (Erasmo, 1533, sig. P, 7^v). As disposições e os desejos de nosso coração devem ser refreados da mesma maneira que "um cavalo selvagem escoiceador" deve ser controlado "com esporas afiadas" para "domesticar sua fogosidade" (Erasmo, 1533, sig. D, 6^r).[16]

Esta metáfora platônica provou-se irresistível aos autores de livros de emblemas, que representavam com frequência as paixões como cavalos selvagens praticamente indomáveis.[17] O primeiro aparecimento de uma imagem assim em um livro de emblemas inglês ocorre, em 1586, em *Choice of Emblemes* de Geffrey Whitney (Whitney, 1586, p.6), mas um exemplo anterior e mais vívido pode ser encontrado em *Le pegme de Pierre*, de 1560, escrito por Pierre Coustau. Ele nos mostra um cavaleiro lançado ao chão e prestes a ser pisoteado (Figura 3). Os versos que acompanham a figura declaram que "você é completamente insensato por montar um cavalo sem ser capaz de manejá-lo de acordo com a tua vontade"[18]

---

[16] No original, lê-se "fyersnes".
[17] Cf., por exemplo, Alciato (1550, p.63); Bocchi (1574, p.246); Reusner (1581, p.22); Camerarius (1605, parte 2, fo.33); Cramer (1630, p.65); Baudoin (1638, p.573).
[18] Coustau (1560, p.201): "Tu est bien sot de monter à cheval/ Ne le pouvant à ton gré manier" ("És muito estúpido por montar num cavalo/ Não podendo manejá-lo à tua vontade").

e adverte-nos que um destino igualmente violento espera "quem não pode por meio da razão assenhorear-se dos apetites de sua alma sensível".[19]

Se os que cedem aos seus apetites não agem livremente, como deveríamos nós caracterizar seu comportamento? A resposta que podemos encontrar entre os humanistas do período elisabetano pouco difere da dos escolásticos. Eles concordam que ações como essas formam uma expressão não da liberdade, mas da licença. Um dos primeiros textos humanistas, no qual nos deparamos exatamente com esse vocabulário, é a tradução do *Libro del cortegiano*, de Castiglione, feita por Sir Thomas Hoby, publicada originalmente em 1561. Hobbes estava bem familiarizado com essa obra, e, em sua qualidade de preceptor do segundo Conde de Devonshire, até solicitou a seu pupilo que fizesse uma tradução latina do livro de abertura.[20] Se nos voltarmos ao livro 4 e, mais precisamente, à exposição de Lorde Otaviano sobre a ideia da alma, constataremos a referência direta à visão platônica segundo a qual ela é "dividida em duas partes: em que uma é razão, e outra, apetite" (Castiglione, 1561). Lorde Otaviano prossegue afirmando que, na organização da vida cívica, é fundamental que o apetite seja controlado pela razão, pois, de outro modo, o resultado não será a liberdade civil, mas simplesmente a "vida licenciosa e desordeira do povo".

---

[19] Coustau (1560, p.201): "Qui par raison ne peut seigneurier/ Les appetis de son âme sensible" ("Quem pela razão é incapaz de dominar/ Os apetites de sua alma sensível").
[20] MS Hardwick 64; cf. Malcolm (2007a, p.4), a quem devo esta referência. O catálogo da biblioteca de Hardwick, redigido por Hobbes no fim da década de 1620, inclui cópias do *Cortegiano* de Castiglione em inglês, francês, italiano e latim. Cf. Hobbes (MS E. 1. A, p.69-70, 126).

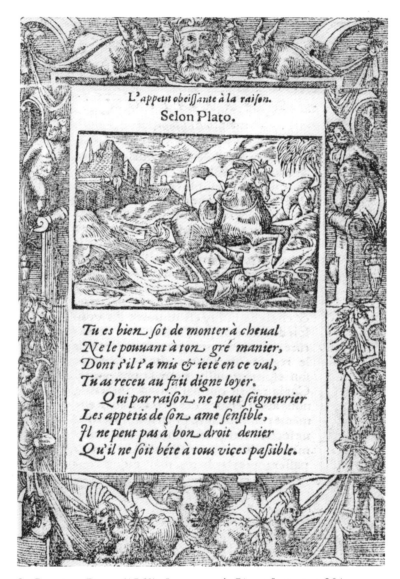

3. Coustau, Pierre (1560). *Le pegme de Pierre,* Lyons, p.201

Ainda mais importante é o fato de a própria discussão platônica dessas questões ter se tornado disponível em inglês durante o mesmo período. Quando a *Política* de Aristóteles foi pela primeira vez publicada em inglês, no ano de 1598, o tradutor acrescentou à análise aristotélica sobre como as tiranias surgem a resposta que Platão deu a essa mesma questão na *República*. Ele fez Sócrates afirmar que as democracias "têm muita sede de liberdade", em consequência do que "nelas todas as outras coisas cheias de liberdade e de licença são permitidas", e elas caem da "liberdade extrema" à "escravidão extrema" (Aristóteles, 1598, 4. 10, p.210-1).

Logo a seguir, a mesma distinção entre liberdade e licença começa a ser ecoada pelos autores de livros de emblemas.[21] Já em 1593 encontramos Jean Jacques Boissard em seu *Emblematum liber* proclamando que "a verdadeira liberdade consiste em não ser escravo das paixões" (Figura 4).[22] Como Boissard explica na narrativa que acompanha sua imagem, "muitas pessoas, por causa de todo tipo de licença, são escravas do corpo".[23] O homem que é capaz de evitá-las, e de quem "pode, portanto, se dizer que floresce em verdadeira liberdade" é "aquele que, amando o meio justo, pesa prudentemente suas paixões na balança com razão e cuidado".[24] A ilustração mostra-nos justamente, com uma *libra* ou balança de dois pratos, um símbolo da prudência (sob a forma da serpente mencionada por são Mateus)[25]. A moral expressa pelo calembur visual é que devemos aprender a manter nosso equilíbrio ou balança (*librare*) se desejamos nos livrar (*liberare*) das paixões que de outra maneira nos reduzirão à escravidão.[26]

---

[21] Cf., por exemplo, Bruck (1618, p.195 – liberdade oposta à licenciosidade); Cats (1627, p.141– verdadeira liberdade vinculada à sabedoria).
[22] Boissard (1593, p.11): "Libertas vera est affectibus non servire."
[23] Boissard (1593, p.10): "multi corpore servi sunt ... per omnem licentiam."
[24] Boissard (1593, p.10): "Quicunque illam auream mediocritatem diligens, prudenter suos affectus librat ... ratione studioque ... is vera libertate frui dicendus est."
[25] Matthew 16.10 (da Vulgata): "estote ergo prudentes sicut serpentes". A injunção foi adotada pelos escritores de livros de emblemas em um período anterior. Cf., por exemplo, Montenay (1571, p.40).
[26] Para uma discussão completa de Boissard como um cristão humanista e autor de emblemas, cf. Adams (2003, p.155-291); para uma análise desse emblema, cf. p.245-7.

4. Boissard, Jean Jacques (1593). *Emblematum liber*, Frankfurt, p.11.

Na década de 1640, o mesmo contraste entre licença e liberdade tornou-se o grito de incitamento entre os que, na Inglaterra, se opunham ao crescente estado de radicalização existente naquele momento. Nathaniel Hardy, que ao longo da guerra civil continuou a pregar bravamente a palavra anglicana em Londres, repetiu esses mesmos termos na Câmara dos Lordes em seu sermão da Quaresma de 1646, o qual ele publicou no ano seguinte sob o título de *The Arraignment of Licentious Libertie* [Acusando a liberdade licenciosa]. Dirigindo-se aos pares, "retratai-vos", admoestou-os vigorosamente, pois "não deveis pensar que o relaxamento e a licenciosidade são frutos apropriados à Grandeza", como se "a Autoridade não consistisse em outra coisa que não dar aos homens a liberdade que lhes apraz" (Hardy, 1647, p.14). Depois da execução do rei, em janeiro de 1649, o mesmo grito foi lançado por alguns dos principais ministros presbiterianos que haviam apoiado o Parlamento até aquele momento fatal. Quando, por exemplo, Samuel Rutherford publicou seu *Free Disputation* [Contestação livre] em 1649 (Rutherford, 1649),[27] tratado no qual

---

[27] A página-título da cópia de Thomason (British Library) assinala "6 de agosto."

alvejava os Independentes e seus aliados por pregarem uma "pretensa liberdade de consciência", anunciou já na sua página-título que seu propósito era dirigido contra todos os que "combatiam por liberdade sem lei, ou por tolerância licenciosa" em matéria de fé religiosa (Rutherford, 1649).

A essa altura, o contraste entre liberdade e licença tornara-se tão profundamente entrincheirado que a recusa sem rebuços de Hobbes em reconhecer minimamente tal distinção causou estupefação bem como ultraje. Bramhall objetou com indignação que Hobbes não podia estar se referindo à liberdade humana, e que sua própria argumentação nada mais era do que um exercício de licenciosidade (Bramhall in Hobbes, 1841b, p.40, 257). Confrontado com esse violento ataque, Hobbes permaneceu completamente imperturbado. Respondeu ao ataque de Bramhall em *The Questions Concerning Liberty* [Questões concernentes à liberdade], ridicularizando a afirmação segundo a qual um agente livre é alguém que age de acordo com sua vontade racional por oposição à vontade licenciosa. Dado que a deliberação toma a forma de um "apetite alternado e não de uma racionalização" (Hobbes, 1841b, p.450), falar de vontade racional não significa nada (Hobbes, 1841b, p.234). Um agente livre, Hobbes reitera, é simplesmente alguém que "pode escrever ou se abster, falar ou silenciar, de acordo com sua vontade" (Hobbes, 1841b, p.38, 50). Ademais, dizer de um agente tal que ele age de acordo com sua vontade é o mesmo que dizer que foi levado a agir por seus apetites, porque "o apetite e a vontade nos homens e nos animais" são "a mesma coisa" (Hobbes, 1841b, p.365; cf. p.35). É com essas observações, escandalosamente reducionistas sobre a geografia da alma humana, que Hobbes conclui sua defesa.

III

No início do Capítulo 14 de *Os elementos*, Hobbes anuncia um novo tema. Até aí, lembra-nos, expusera "a natureza inteira do homem, consistindo dos poderes naturais de seu corpo e de sua mente" (Hobbes, 1969a, 14.1, p.70). A seguir, propõe-se examinar as situações em que a posse desses poderes nos coloca. Isso o leva imediatamente à sua análise distintiva do estado de natureza,[28] e, consequentemente, à segunda passagem de sua argumentação na qual o conceito de liberdade se torna central. O estado de natureza, declara agora, pode ser caracterizado como um estado de "liberdade irrepreensível" (Hobbes, 1969a, 14.6, p.71), um estado no qual se pode dizer que todos possuem o que Hobbes agora descreve como "liberdade natural" (Hobbes, 1969a, 14.11, p.73; cf. Hobbes 1969a, 20.5, p.110, e 28.4, p.180). O conceito de liberdade humana é mais uma vez trazido ao centro do palco.

É importante assinalar a maneira precisa pela qual Hobbes introduz esse argumento, quando menos porque tem havido uma tendência entre comentadores recentes de escrever como se ele definisse a liberdade natural como a ausência de obrigação, e consequentemente em termos negativos.[29] Falando estritamente, ele nunca sequer define a liberdade natural; meramente a descreve como aquela forma de liberdade que é característica dos "homens considerados segundo puramente a natureza" (Hobbes, 1969a, 14.2, p.70; 14.11, p.72-3). Ademais, ele geralmente a descreve em termos positivos e não negativos, caracterizando-a, na discussão que abre o Capítulo 14, como a liberdade "de usar nosso poder e habilidade naturais" (Hobbes, 1969a, 14.6, p.71) e, no capítulo seguinte, como a liberdade que qualquer homem naturalmente possui "de se governar por sua vontade e poder próprios" (Hobbes, 1969a, 15.13, p.79; cf. 20.5, p.110).

Hobbes junta a essas observações uma tese ainda mais desafiadora ao estipular que a liberdade natural é equivalente ao direito natural (Hobbes, 1969a, 14.6, p.71). Como um primeiro passo nessa demonstração, nota que a necessidade natural nos compele a querer e desejar o que é bom para nós, e acima de tudo a procurar preservar a nós mesmos. Recentemente, houve uma tentativa de nos persuadir de que Hobbes não acolhe essa concepção da

---

[28] Cf. Hobbes (1969a, 14.13, p.74) para sua primeira introdução do termo "estado de natureza".

[29] Cf., por exemplo, Raphael (1984, p.31-2); Pettit (2005, p.137 e 139-40). Eu mesmo adotara essa interpretação anteriormente, como se pode ver em Skinner (2006-7, p.38). Devo acrescentar que, apesar de discordar de algumas das conclusões de Pettit e de Raphael, tenho sido em boa parte influenciado por suas contribuições.

natureza humana "centrada na preservação" (Lloyd, 1992, p.254). Mas essa afirmação é difícil de conciliar com o que ele nos diz no Capítulo 14 de *Os elementos* sobre o caráter do homem. Devido a uma necessidade da natureza, sustenta ele aqui, os homens são levados "a querer e desejar *bonum sibi*, o que é bom para eles, e a evitar o que é danoso" (Hobbes, 1969a, 14.6, p.71).[30] Ademais, de todas as eventualidades que a natureza nos impele a evitar, a que nos inspira a maior aversão é "esse terrível inimigo da natureza, a morte, de quem esperamos ao mesmo tempo a perda de todo o poder, e a maior das dores corporais ao perdê-lo" (Hobbes, 1969a, 14.6, p.71). Em outras palavras, temos uma tendência natural a fazer tudo o que podemos para preservar nossa vida.

Contudo, é verdade que o princípio fundamental de Hobbes não é que os homens procuram sempre se preservar da morte; e, sim, que eles têm o direito a isso. Aqui, ele se apropria inteligentemente da doutrina escolástica para efeito de fazer com que aquele direito natural consista em agir de acordo com os ditames da razão. Hobbes observa que é geralmente aceito que tudo o "que não é contra a razão" pode ser descrito como "direito, ou *jus*" (Hobbes, 1969a, 14.6, p.71). E "não é contra a razão", prossegue insistindo, "que um homem faça tudo o que puder para preservar da morte e da dor seu corpo e suas extremidades" (Hobbes, 1969a, 14.6, p.71). Com essa afirmação, consegue torcer de tal maneira a doutrina escolástica que a faz chegar à conclusão surpreendente de que a liberdade "de usar nossos próprios poderes e habilidades naturais" deve, portanto, equivaler ao direito natural a preservar-nos em todas as circunstâncias (Hobbes, 1969a, 14.6, p.71).

Com base nessa conclusão, Hobbes passa a argumentar que possuímos também o direito de julgar por nós mesmos sobre as ações específicas que podem ser necessárias para preservar-nos da dor e da morte. Refletindo sobre o que isso implica, ele acrescenta que não há ação que não possa se mostrar como condutiva à nossa autopreservação em um ou outro momento (Hobbes, 1969a, 14.10, p.72). Sua conclusão final é, pois, que a liberdade ou o direito de natureza deve compreender o direito a fazer tudo o que quisermos

---

[30] O argumento é retomado em Hobbes (1983, 1.7, p.94).

como e quando quisermos. Essa abominável implicação é formulada indicando, como tantas outras vezes, a íntima familiaridade de Hobbes com a tradução da *Política* de Aristóteles, da qual havia um exemplar disponível para ele na biblioteca Hardwick (Hobbes, MS E. 1. A, p.58). No livro 6 fez-se Aristóteles dizer que um dos "brindes" da liberdade é "viver como aos homens apraz" (Aristóteles, 1598, 6.2, p.340).[31] Hobbes concorda que a liberdade de natureza outorga a todos um direito "de fazer tudo o que lhe apraz e a quem lhe apraz" (Hobbes, 1969a, 14.10, p.72).

Essa descrição do estado de natureza como um estado de liberdade igual contou com um dos lugares comuns da literatura política da época de Hobbes. Aristóteles havia supostamente argumentado o inverso, ao declarar no livro 1 de a *Política* que (nas palavras da tradução de 1598) "alguns são escravos por natureza", e que é possível, portanto, "exercer a autoridade de um senhor, mesmo pela lei de natureza" (Aristóteles, 1598, 1.4, p.32). No entanto, essa afirmação já havia sido contestada na Antiguidade, sobretudo no *Digesto* do direito romano, no qual Florentinus é mencionado por sustentar a opinião contrária, segundo a qual, embora a instituição da escravidão possa ser permitida pelo *ius gentium*, ela não obstante é "contrária à natureza" (Digest, 1985, 1.5.4, p.15). Ninguém é escravo naturalmente.

À época em que Hobbes estava escrevendo, a defesa por Florentinus da liberdade natural era amplamente aceita. Vemo-la fortemente endossada pelos teóricos chamados monarcômacos, ou seja, os teóricos que combatiam a monarquia no contexto das guerras de religião francesa e holandesa, incluindo Johannes Althusius na Holanda,[32] bem como Theodore Bèze e o autor da *Vindiciae contra tyrannos* na França (Bèze, 1970, p.24; Vindiciae, 1579, p.107).[33] De maneira ainda mais extraordinária – como Sir Robert Filmer iria notar com

---

[31] Cf. Cícero (1913, 1. 20. 70. p.70), cuja definição para a essência de *libertas* – isto é, viver segundo os ditames do próprio querer (*sic vivere, ut velis*) – ao mesmo tempo em que ecoava Aristóteles, apresentava uma influente reafirmação de seu argumento.
[32] Althusius (1932, 18.18, p.139) descreve como o *populus* era originalmente livre de qualquer domínio da parte do *imperia* ou *regna*.
[33] Hobbes estava claramente bem a par do conteúdo destes autores. A obra de Bèze, *Du droit des magistrats*, encontrava-se na biblioteca de Hardwick, em cujo catálogo se ê "Monarcho-machia" como título geral. Cf. Hobbes (MS E.1.A, p.29, 127).

desalento em seu *Patriarcha* – vemos o mesmo argumento endossado com não menos proeminência por muitos expoentes do absolutismo monárquico no mesmo período. Filmer menciona sir John Hayward, Adam Blackwood e John Barclay, todos defensores da soberania absoluta, os quais, contudo, reconheciam "a liberdade natural e a igualdade da humanidade" (Filmer, 1991, p.3). A essa lista, Filmer poderia ter acrescentado o nome de Jean Bodin (a quem Hobbes se refere respeitosamente em *Os elementos*) (Hobbes, 1969a, 27.7, p.172-3), cuja análise da soberania absoluta e indivisível, em os *Six livres de la république,* se fundamenta igualmente na admissão que a *liberté naturelle* é por Deus outorgada a todos.[34]

A afirmação mais específica de Hobbes de que há uma equivalência entre a liberdade natural e o direito natural tem sido, muitas vezes, atribuída à influência de Grotius,[35] cujo *De iure belli ac pacis* certamente estava disponível a Hobbes na biblioteca Hardwick (Hobbes, MS E.1.A, p.84). Entretanto, a tese de Grotius nessa obra baseia-se na posse da liberdade natural como um dos muitos itens do nosso catálogo dos direitos naturais.[36] À época de Hobbes, a ideia de uma equivalência entre *libertas* e *dominium* e, portanto, *ius*, acabara por ficar associada ao jurista espanhol Fernando Vasquez,[37] cuja autoridade Althusius invoca repetidamente com reverência particular.[38] Se há algum autor ao qual se pode dizer que Hobbes é devedor por sua tese de que a liberdade natural e o direito natural são uma única e mesma coisa, talvez seja Vasquez no livro 1 de sua *Controversiarum libri tres.*[39]

---

[34] Bodin (1576, 1. 3, p.14): "nous appellons liberté naturelle de n'etre suget, apres Dieu, à homme vivant, & ne soufrir autre commandement que de soy-mesme" ("chamamos de liberdade natural o não estar submetido, salvo Deus, a nenhum homem vivo, e de não receber comando algum a não ser de si próprio"). Cf. Bodin (1586, 1.3, p.14), sobre a "naturalis libertas".
[35] Cf., por exemplo, Tuck (1993, p.304-6).
[36] Sobre este elemento da argumentação de Grotius, cf. Brett (1997, p.205)
[37] Vázquez de Menchaca (1931-3, 1.17. 4-5, v.1, fo. 321'') argumenta que a *libertas* é equivalente ao *dominium*, de modo que a posse da *libertas* é equivalente à posse de um direito natural.
[38] Cf. Althusius (1932), especialmente as inúmeras referências do capítulo 18 (p.135-57).
[39] Isso se encontra argumentado em Brett (1997), especialmente nas p.205-10, uma contribuição da qual sou grande devedor.

Há, todavia, um agudo contraste a ser extraído entre a concepção que Hobbes tem de nossa condição natural e a desses primeiros pensadores da soberania. Entre os juristas encontramos com frequência uma forte adesão à ideia de que a condição pré-política do homem teria sido uma condição pacífica e sociável, um estado que eles por vezes descrevem em um tom de nostalgia audível. Vasquez começa reafirmando o propósito de Cícero segundo o qual "as sementes naturais da virtude estão implantadas dentro de nós", e a "natureza nos impele a levar uma vida feliz".[40] Por causa dessas tendências virtuosas, prossegue Vasquez, a era primitiva teria sido de liberdade comum, que somente teria chegado ao fim quando o instinto de dominação do homem tornou necessário, para proteger o fraco, o estabelecimento de regimes principescos.[41] Para Hobbes, ao contrário, é a nossa liberdade natural que constitui o principal e imediato obstáculo à nossa obtenção de qualquer uma das coisas que queremos da vida. Ele não apenas insiste em que nossa liberdade é "de pouco uso e benefício" para nós (Hobbes, 1969a, 14, 10, p.72); prossegue argumentando, na mais forte oposição possível em relação à ortodoxia prevalecente, que quem quer que "deseje viver em um estado tal, como sendo o estado de liberdade e de direito de todos com todos, se contradiz a si mesmo" (Hobbes, 1969a, 14.12, p.73).[42]

Ao passar a expor essa contradição, Hobbes começa por reiterar que todos desejam o que julgam ser bom para eles mesmos. Ademais, essa inclinação natural abarca o desejo não apenas "de evitar o que é danoso", mas de atingir "os ornamentos e confortos da vida" (Hobbes, 1969a, 14.6, p.71; 14.12, p.73). E a única maneira de adquirir esses benefícios é viver juntos em "paz e sociedade" (Hobbes, 1969a, 14.12, p.73). A afirmação fundamental de

---

[40] Vázquez de Menchaca (1931-3, 1. 17. 4-5, v.1, fo. 8ᵛ) fala da "semina innata virtutum" e como "nos ad beatam vitam natura perduceret".
[41] Sobre o lugar que este tema ocupa no pensamento de Vasquez, cf. Brett (1997, p.172-3, 183-5, 187-8).
[42] De acordo com esse raciocínio, Bianca (1979, p.9-13) argumenta que a explicação subsequente de Hobbes de como podemos melhorar nossa condição natural constitui "uma filosofia da liberação". Esta ideia parece valiosa, exceto pelo fato de que a liberação imaginada por Hobbes implica a restrição de nossa liberdade natural.

Hobbes é, pois, que nossa razão nos instrui basicamente a "procurar a paz", dado que nosso principal desejo é desfrutar os ornamentos e confortos "que por meio da paz e da sociedade são usualmente inventados e procurados" (Hobbes, 1969a, 14.12, p.73; 14.14, p.74). O problema com o qual somos confrontados, contudo, é que se a paz é a nossa necessidade básica, a guerra é o nosso destino natural. Enquanto houver "um direito de todo homem a todas as coisas", o resultante "estado dos homens nessa liberdade natural" somente pode ser "o estado de guerra" (Hobbes, 1969a, 14.11, p.72-3). Como conclui em sua fórmula mais celebrada, nossa condição primordial é, pois, uma guerra de todos contra todos, uma condição de hostilidade infindável na qual "a própria natureza é destruída" (Hobbes, 1969a, 14.11-12, p.73).[43]

Hobbes lança-se aqui a um assalto frontal contra o pressuposto dominante herdado de Aristóteles segundo o qual, como está expresso na tradução de 1598, "o homem é por natureza uma criatura sociável e civil" (Aristóteles, 1598, 1.2, p.11). Mas como resulta que a natureza nos condena a uma hostilidade infindável? Podemos ver facilmente a resposta, prossegue Hobbes, se reconhecermos os dois corolários fatais que precisam ser acrescentados ao seu diagnóstico básico segundo o qual nosso estado natural é um estado em que todos têm direito a tudo. O primeiro é que "os apetites de muitos homens levam-nos a um único e mesmo fim; fim que algumas vezes não pode ser nem usufruído em comum nem dividido" (Hobbes, 1969a, 14.5, p.71). Em outros termos, estamos sujeitos a nos encontrar competindo continuamente pelos mesmos recursos escassos. O outro problema é que essas competições estão destinadas a ter lugar em condições de igualdade. Embora seja esta uma verdade que relutamos em aceitar, o fato é que no estado de natureza em termos de "força e conhecimento, entre homens em idade adulta", há apenas "desigualdades insignificantes" (Hobbes, 1969a, 14.2, p.70). Decorre daí, portanto, a inevitabilidade da guerra sem fim na qual "um homem com direito invade, e outro com direito resiste" (Hobbes, 1969a, 14.11, p.73). O paradoxo

---

[43] Sobre o estado de natureza, cf. Bianca (1979, p.27-71) e, para uma discussão mais completa e instrutiva, cf. Hoekstra (1998, p.8-97).

desesperado no qual se funda a teoria política de Hobbes é que o maior inimigo da natureza humana é a própria natureza humana. Com essa descrição da nossa condição natural, Hobbes chega à questão central de sua teoria do Estado. Todos nós desejamos paz, mas nunca podemos esperar alcançá-la a não ser abrindo mão de nossa liberdade natural. Como pode, pois, essa liberdade ser efetivamente cortada ou (como Hobbes gosta de expressá-lo) ser restringida por impedimentos adequadamente poderosos?[44] A resposta é já evidente em sua formulação geral. Dado que nossa condição natural se caracteriza por possuirmos por inteiro essa liberdade, e por essa liberdade natural consistir no direito de agir inteiramente de acordo com nossa vontade e poderes, segue-se que deve haver dois caminhos diferentes pelos quais ela pode ser confiscada: podemos perder ou a capacidade ou o direito de agir segundo nossa vontade e poderes.

Se perguntarmos como é possível perdermos a pertinente capacidade, a resposta de Hobbes é que esse é precisamente o perigo com o qual estamos permanentemente confrontados no estado de natureza. Estamos constantemente sujeitos a ser invadidos por assaltantes intencionados a destruir nosso poder de preservar a nós mesmos (Hobbes, 1969a, 14.2, p.70). Esses inimigos "tentarão nos subjugar", "por potência e força do corpo" (Hobbes, 1969a, 14.3, p.71; 14.4, p.73), e nossa carência de poder superior significa que "nenhum homem tem poder suficiente para assegurar, por um tempo longo, sua preservação contra tais adversários (Hobbes, 1969a, 14.14, p.74). Embora no estado de natureza tenhamos o direito de fazer o que quisermos, estamos muito longe de ter o poder de exercer essa liberdade natural em qualquer grande amplitude.

A essa análise, Hobbes acrescenta posteriormente que a maneira mais radical que temos de perder a capacidade de exercer nossa liberdade natural é sermos "presas das guerras" e escravizados. (Hobbes, 1969a, 22.4, p.128). Um escravo, de acordo com a definição estreita e idiossincrática de Hobbes, é alguém entre duas espécies de servidão. Escravos são servos privados de liberdade

---

[44] Sobre a restrição à liberdade, cf. Hobbes (1969a, 28.4, p.180 e 29.5, p.186). Cf. também Hobbes (1969a, 22.3, p.128) sobre estar "restringido por impedimentos naturais".

natural em consequência de serem "mantidos acorrentados, ou de alguma maneira restringidos por impedimentos naturais à sua resistência" (Hobbes, 1969a, 22.3, p.128). Se os escravos têm liberdade de movimento, e, portanto, "permissão de andar em liberdade", então de acordo com Hobbes eles não devem mais ser classificados como escravos e sim como servos (Hobbes, 1969a, 22.3, p.128). Somente aqueles servos que são "mantidos amarrados por laços naturais, como correntes, e outros que tais, ou em prisões", podem ser classificados propriamente como escravos (Hobbes, 1969a, 22.3, p.128). Um escravo pode, portanto, ser definido como alguém que perdeu sua liberdade natural em consequência de ter sido fisicamente impedido "por correntes, ou por qualquer outra custódia forçosa", de agir segundo sua vontade e poderes em praticamente qualquer situação (Hobbes, 1969a, 22.3, p.128).

É importante chamar a atenção sobre como, nesse relato, Hobbes explica que a escravização acaba com a liberdade, quando menos por causa do prevalecimento da alegação de que ele define a liberdade natural como a ausência de obrigação.[45] Os escravos têm, indubitavelmente, confiscada sua liberdade de agir como lhes apraz, mas não por terem entrado em qualquer obrigação para agir diferentemente. Pelo contrário, os escravos, de acordo com Hobbes, não têm absolutamente tais obrigações. Eles permanecem em estado de natureza com relação aos seus senhores, e consequentemente em um estado de guerra. Por não terem pactuado de maneira nenhuma a renúncia ao seu direito de natureza, "resta, portanto, ao servidor assim retido, ou em prisão, um direito de se libertar, se puder, por qualquer meio", mesmo o de matar seu senhor, se o conseguir (Hobbes, 1969a, 22.3, p.128). A razão pela qual os escravos são, não obstante, privados de sua liberdade natural, pelo menos em grande medida, é que esta consiste não simplesmente em ter liberdade para deliberar, mas em ter liberdade para agir conforme deliberação, uma liberdade que os escravos têm quase inteiramente confiscada quando são fisicamente acorrentados ou amarrados.

---

[45] Pettit (2005, p.137) é especialmente enfático ao sustentar que a "liberdade natural" em *Os elementos* "refere-se clara e exclusivamente à liberdade como a ausência de obrigação". Cf. também Brett (1997, p.209-16).

A outra maneira pela qual podemos perder nossa liberdade natural é perdendo não a capacidade, mas o direito de agir de acordo com nossa vontade e poderes. É o que acontece quando escolhemos limitar nossa própria liberdade pactuando de maneira tal a excluir ou proibir seu exercício. Um pacto, como Hobbes explica no Capítulo 15, é um tipo específico de contrato ou transferência de direito pelo qual uma das partes, mais do que executar imediatamente os termos do contrato, faz a promessa confiável de transferir seu direito a uma data ulterior (Hobbes, 1969a, 15.8-9, p.77-8). O efeito desse contrato é limitar a liberdade natural do pactuante, pois sua liberdade de agir segundo sua vontade e poderes é agora restringida pela sua promessa de agir de acordo com os termos do seu pacto. Como Hobbes resume:

> Promessas, portanto, com base na consideração de benefício recíproco, são pactos e signos de vontade, ou seja, a última parte da deliberação pela qual a liberdade de execução, ou não execução, desaparece; consequentemente são obrigatórias. Pois lá, onde cessa a liberdade, começa a obrigação. (Hobbes, 1969a, 15.9, p.78)

A frase final de Hobbes contém, admitidamente, um deslize que ele repete em *Do cidadão*[46] e corrige somente no Capítulo 14 do *Leviatã*. Como faz notar na passagem mencionada, a liberdade do homem de executar ou não executar desaparece tão logo ele adquire a vontade de pactuar. Mas, como Hobbes mais tarde reconhece, a obrigação do homem surge apenas quando este transfere seu direito ao se engajar efetivamente no pacto (Hobbes, 1996, 14, p.92-3). O que está indubitavelmente correto, contudo, e o argumento inverso de Hobbes, sublinhado a seguir no Capítulo 20 de *Os elementos*: qual seja, que se considerarmos o mesmo homem "fora de todos os pactos obrigatórios para os outros", então ele é indubitavelmente "livre para fazer, e desfazer, e deliberar o que lhe apraz" (Hobbes, 1969a, 20.18, p.116).

Hobbes insiste em enfatizar que a perda de liberdade que descreve não é o resultado de nossa mera decisão de agir de uma

---

[46] Hobbes (1983, 2.10, p.102): "ubi enim libertas desinit, ibi incipit obligatio".

maneira particular. Se isso dependesse daquilo que fizemos, então existiria a possibilidade de engajarmo-nos em um novo processo de deliberação e talvez de mudarmos de ideia. Como Hobbes observa no Capítulo 15, "aquele que diz do tempo a vir, como por exemplo, amanhã eu farei, declara evidentemente que ele ainda não deu. O direito, portanto, hoje nele permanece" (Hobbes, 1969a, 15.5, p.76; 15.7, p.77).[47] É só no momento em que concordamos explicitamente em estabelecer um contrato ou convenção, dando um sinal reconhecível da vontade, que "a liberdade de executar, ou não executar, desaparece" (Hobbes, 1969a, 15.9, p.78).[48] Isso por sua vez explica por que "é impossível estabelecer convenção com criaturas vivas" que carecem de linguagem, pois em tais casos "não dispomos de nenhum signo suficiente" de sua vontade (Hobbes, 1969a, 15.11, p.79).

De todas as convenções que estabelecemos, o mais importante é, de longe, o que restringe nossa liberdade natural ao sujeitar-nos aos imperativos da lei e do governo. Tornar-se *súdito*, como Hobbes define formalmente o termo no capítulo 19, é a pessoa pactuar a própria submissão a um soberano assinalando sua vontade de renunciar a seu direito de resistência (Hobbes, 1969a, 19.10, p.104). Quando um número suficientemente grande de pessoas executa certo ato de submissão, isso produz o efeito de fazer nascer um corpo "fictício", um corpo composto dos membros da multidão em uma única *Persona* por terem concordado em criar um soberano único com o qual suas vontades individuais estão "envolvidas" ou "incluídas" (Hobbes, 1969a, 19.6, p.103).[49] Hobbes descreve essas pessoas fictícias como "cidades ou corpos políticos" (Hobbes, 1969a, 19.10, p.104) e, no título de seu tratado, dá às leis necessárias para governá-las o nome de "política" por contraste com as leis da natureza.

A ideia da "política" como nome que designa a arte de governar as cidades havia se tornado amplamente difundida na Inglaterra no início do século XVII, seguindo-se à tradução de obras tais como

---

[47] Para discussões posteriores e similares de Hobbes sobre deliberação, cf. Hobbes (1983, 2.8, p.101-2; 1996, p.44-5).
[48] Para discussões posteriores e semelhantes de Hobbes, cf. Hobbes (1983, 2.10, p.102; 1996, cap.4, p.94-5).
[49] Cf. Hobbes (1969a, 21.4, p.120) sobre o caráter "fictício" ("fictitius") dos corpos políticos.

os *Sixe Bookes of Politiches* [Seis livros de política], de Lipsius, em 1594 e a *Política*, de Aristóteles, em 1598. Uma tradição visual logo se desenvolveu em torno desse vocabulário, na qual a Política ou o Político é representado como uma mulher coroada com muros e fortificações, sendo esses os primeiros requisitos para qualquer cidade que deseja permanecer independente.[50] Rubens proporciona-nos um exemplo magnífico no frontispício que fez para as *Opera omnia* de Lipsius, cuja primeira edição é de 1637 (Figura 5).[51] A representação de Rubens é ao mesmo tempo apropriada e ambígua, porque *Política* é mostrada com um leme em sua mão esquerda, enquanto a direita repousa sobre uma esfera – dois elementos-padrão na iconografia da Fortuna.[52] Somos lembrados de que a política é por excelência a arena na qual a fortuna impera.[53] Apesar de a deusa volúvel poder escolher pilotar-nos por meio das tempestades da vida pública, a presença da esfera – na qual ela é mostrada oscilante tentando se equilibrar[54] – alude à sua inerente inconfiabilidade.

Hobbes é um dos primeiros filósofos ingleses a escrever dessa maneira, concebendo a "política" como a arte de governar cidades. Ele descreve Aristóteles como um escritor de "Política",[55] e reivindica com senso consciente da novidade que, quando falamos de corpos políticos, nos referimos aos corpos fictícios das cidades:

> Essa união assim realizada é o que os homens chamam em nossos dias de um CORPO POLÍTICO, ou sociedade civil; e os gregos chamam *polis*, ou seja, cidade; que pode ser definida como

---

[50] Uma tradição anterior mostrava cidades personificadas coroadas com muros e fortificações. Veja-se, por exemplo, a figura de Roma na página-título de Tito Lívio (Livy, 1600). Devo o que escrevi aqui às discussões com Dominique Colas.

[51] Lipsius (1637). Sabemos pela assinatura na base do frontispício que o mesmo foi gravado por Cornelius Galleus a partir de um desenho de Rubens: "Pet. Paul Rubenius invenit [...] Corn. Galleus sculpsit".

[52] A respeito da associação da Fortuna com o leme e a esfera, cf. Bocchi (1574, p.50); Boissard (1593, p.103); Oraeus (1619, p.124).

[53] Eis por que em Oraeus (1619, p.76) encontramos não apenas a *Fortuna* mas também a *prudentia politica* associada a uma esfera.

[54] Cf., por exemplo, Alciato (1550, p.107); Junius (1566, p.32); Oraeus (1619, p.124); Wither (1635, p.174).

[55] A palavra aparece assim escrita em B. L. Harl. MS 4235, fo. 67ʳ. Cf. Hobbes (1969a, 17.1, p.88).

uma multidão de homens unidos como uma única pessoa, por um poder comum, para sua paz, defesa e benefício comuns. (Hobbes, 1969a, 19.8, p.104)

5. Lipsius, Justus (1637). *Opera omnia*, 4v., Antwerp, frontispício.

Quando, posteriormente, Hobbes se queixa que ninguém captou esse conceito de cidade como "uma pessoa", responsabiliza "aqueles inúmeros escritores de política que analisaram o conceito de soberania sem o compreender" (Hobbes, 1969a, 27.7, p.174).

Passando ao exame da natureza das convenções pelas quais submetemo-nos a tais corpos políticos, Hobbes reconhece sua dívida para com a análise de Bodin em os *Six livres de la république* – uma obra disponível a ele na biblioteca Hardwick seja na tradução inglesa de 1606, seja nas versões originais francesa e latina (MS E.1.A, p.62, 125). Hobbes concorda com Bodin ao afirmar que, quando aceitamos restringir nossa liberdade natural submetendo-nos ao poder soberano, podemos decidir sobre tornar-nos submetidos a um indivíduo, a um grupo, ou ao povo como um todo. Ele endossa, igualmente, a afirmação de Bodin de que essa submissão pode se produzir de duas maneiras, e no Capítulo 20 de *Os elementos* começa a explicar as duas formas diferentes que as convenções políticas podem assumir, e os dois tipos correspondentes de cidade ou corpo político que a estabelecem.

Hobbes considera primeiramente, nos Capítulos 20 e 21, as convenções que estabelecem o que chama de corpos políticos por instituição arbitrária (Hobbes, 1969a, 20.1, p.108). Esses acordos são concluídos quando os membros de uma multidão se reúnem e consentem, uns com os outros, a abrir mão do tanto de sua liberdade natural que é necessário para garantir a segurança e a paz (Hobbes, 1969a, 20.1, p.108; 20.5, p.110). O resultado é a instituição de um poder soberano "não menos absoluto na República, do que antes da República era absoluto em todo homem o poder de fazer, ou não fazer, o que pensava ser bom" (Hobbes, 1969a, 20.13, p.113). Apesar de Hobbes admitir que não é fácil aos homens reconciliar-se com a necessidade de um soberano com tanto poder (Hobbes, 1969a, 20.13, p.113), permanece inflexível ao sustentar que, se a paz é o nosso objetivo, então não temos outra opção senão instituir essa forma absoluta de soberania (Hobbes, 1969a, p.127).

O outro tipo de convenção política é discutido no Capítulo 22, no qual Hobbes passa a considerar o que descreve como a dominação por aquisição (Hobbes, 1969a, p.127). O direito de exercer dominação sobre outra pessoa "é adquirido quando um homem se submete a um assaltante por medo da morte" (Hobbes, 1969a, p.127). Essa forma de submissão pode parecer que exclui qualquer pacto, mas Hobbes espera claramente de nós que lembremos o que havia dito no Capítulo 12 sobre o homem que lança seus bens ao mar para salvar sua vida. Tal como este deseja evitar a morte por afogamento, o homem que foi vencido deseja evitar ser executado sumariamente. Mas isso implica dizer que, no segundo caso não menos do que no primeiro, a vítima aparentemente age segundo sua vontade. Ao aceitar submeter-se ao seu assaltante à condição de que sua vida seja poupada, pode-se dizer que ela estabeleceu um pacto, pelo menos implicitamente, com o homem que a subjugou (Hobbes, 1969a, p.128).

Pode parecer natural objetar que esse tipo de "convenção suposta", como Hobbes a chama (Hobbes, 1969a, p.128), dificilmente pode ser descrito como outro meio de estabelecer uma cidade ou corpo político, porque toma forma a partir de um acordo entre dois indivíduos, um dos quais subjugou o outro. Hobbes admite a dificuldade, mas, como é seu hábito, deixa-a passar. Quando alguém é dominado por um assaltante e concorda em obedecer, responde Hobbes, temos já um "um pequeno corpo político, que consiste de duas pessoas, uma soberana, chamada AMO, ou senhor; a outra súdita, chamada SERVIDOR" (Hobbes, 1969a, p.128). Se, subsequentemente, um tal subjugador consegue adquirir direitos similares sobre um número considerável de servos, disso resultará uma forma despótica de governo régio (Hobbes, 1969a, p.128).

Ao tratar do despotismo como uma forma legal de monarquia, Hobbes deixa bem claro que seu objetivo básico é justificar a soberania absoluta.[56] Quando fala de convenção "por parte de quem é dominado, de não resistir a quem o dominou", ele certamente esperava que seus leitores se lembrassem das palavras de São Pedro: "por quem um homem é dominado é também pelo mesmo posto em sujeição" (Hobbes, 1969a, p.128).[57] Hobbes confirma logicamente que qualquer conquistador adquire "um direito de dominação absoluta sobre o conquistado", acrescentando, em um

---

[56] Para discussões de Hobbes sobre o despotismo, cf. Hüning (1998, p.251-64); Tarlon (1999).
[57] Hobbes (1969a, 22.2, p.128); cf. São Pedro (2.19).

registro ainda mais duro, que os vencidos não apenas se tornam servos de seu vencedor, mas que este "pode dizer de seu servidor, que ele é *dele*, como pode dizer de qualquer outra coisa". Tendo eles mesmos se submetido ao seu poder, "eles não devem resistir, mas obedecer a todos os seus comandos como leis" (Hobbes, 1969a, 22.2, p.128-9).

Quando Hobbes examina as duas maneiras diferentes pelas quais nossa liberdade natural pode ser perdida ou retirada, enfatiza ao mesmo tempo que, dependendo de como entramos em uma convenção política ou somos forçados à escravidão, há uma diferença de grau entre as duas maneiras de renunciar à nossa liberdade. Quando somos escravizados, perdemos nossa liberdade natural de agir segundo nossa vontade porque ficamos praticamente sem poder algum até mesmo de agir. Porém, se pactuamos, somente perderemos aqueles elementos de nossa liberdade natural que, se conservados, iriam solapar nossa própria segurança e o valor mais geral da paz. Como Hobbes resume no Capítulo 20, "até que ponto, portanto, na construção de uma República, deve um homem submeter-se, em última instância, ao poderio de outros, nomeadamente no que diz respeito à segurança." (Hobbes, 1969a, p.110).

Essa condição tem por efeito que, no caso de súditos, em contraste com escravos, dois elementos da liberdade natural permanecem mesmo depois do estabelecimento da República. Um é que todos conservam, e devem conservar, o direito à liberdade de movimento. É verdade que Hobbes refere-se somente de passagem a essa exceção no fim de seu tratado. Mas fica claro que, por ser nosso objetivo ao estabelecer como convenção desfrutar não apenas da paz mas das comodidades da vida, devemos gozar de um direito ininterrupto de não ser incomodados. Especificamente, não podemos ser "aprisionados ou confinados por causa da dificuldade dos caminhos e da falta de meios para o transporte das coisas necessárias"; ao contrário, tem-nos que ser proporcionada a possibilidade "de passar comodamente de lugar a lugar" (Hobbes, 1969a, p.180).

A outra exceção nasce do fato cardeal de que, ao pactuar, abrimos mão de nosso direito de natureza apenas na condição de obter a paz e seus benefícios. Segue-se daí que, se algumas liberdades específicas precisam ser conservadas com vistas à realização desses propósitos, elas também devem continuar operando mesmo depois do estabelecimento da República. Se é necessário "que um homem não deve conservar seu direito a todas as coisas", não é menos necessário "que deve conservar seu direito a certas coisas" (Hobbes, 1969a, p.88). Entre essas coisas, a mais óbvia consiste nas ações necessárias à defesa de seu próprio corpo; mas a isso Hobbes acrescenta o direito de acesso ao "fogo, água, ar livre e lugar para viver" e, em geral, o direito "a todas as coisas necessárias à vida" (Hobbes, 1969a, p.88).

Embora assinale essas exceções, Hobbes não lhes dá nenhuma ênfase particular. Seu objetivo fundamental é sublinhar que, quando estabelecemos como convenção submetermo-nos a uma cidade ou a um corpo político, basicamente renunciamos e abrimos mão da liberdade característica do estado de natureza. Se algum outro elemento da liberdade natural permanece conosco, isso somente se deve à permissão daqueles que agora exercem o poder soberano. Se eles podem nos conceder a liberdade de executar um amplo leque de ações, em perfeita continuidade com nossa precedente situação, nós não mais possuímos o mesmo direito de executá-las do qual gozávamos no estado de natureza. Toda liberdade remanescente reflete simplesmente o fato de que nenhuma lei foi promulgada para limitar seu exercício. Mas está sempre dada ao soberano a possibilidade de fazer, quando quiser, uma tal lei, e nunca poderá haver apelo algum contra ela que o soberano não possa rejeitar. Aquilo de que agora gozamos nada mais é do que "a liberdade que a lei nos deixa" (Hobbes, 1969a, 29.5, p.186).

O peso esmagador da argumentação de Hobbes recai consequentemente sobre sua afirmação de que, no estado de sujeição civil, a "perda da liberdade" é uma experiência de todos (Hobbes, 1969a, 24.2, p.139). O estado de liberdade natural "é o estado de quem não está submetido", mas "a liberdade não pode permanecer junto à submissão" (Hobbes, 1969a, 23.9, p.134; 27.8, p.169). A conclusão crucial é salientada com uma redundância não habitual. No seio de cidades ou corpos políticos, somos obrigados a viver em "submissão absoluta"; devemos reconhecer que aí não pode haver "isenção alguma da submissão e da obediência com relação ao poder soberano", porque "a submissão dos que, entre si, instituem uma República não é menos absoluta que a submissão dos servidores" (Hobbes, 1969a, 20.15, p.114-5; 23.9, p.34). A palavra final, e mais inexorável de Hobbes, é, pois, que, uma vez que estabelecemos autoridades soberanas sobre nós mesmos, estamos "tão absolutamente submetidos a elas quanto o está uma criança com o pai, ou um escravo com o senhor no estado de natureza" (Hobbes, 1969a, 20.16, p.115).

3 – *OS ELEMENTOS DA LEI*: A LIBERDADE CIRCUNSCRITA

I

A Epístola dedicatória de *Os elementos da lei natural e política* comporta uma defesa apaixonada da teoria da soberania absoluta e indivisível exposta no corpo do texto. "Seria um benefício incomparável" (Hobbes 1969a, p.xvi), assevera Hobbes ao Conde de Newcastle, "se cada um adotasse as opiniões concernentes à lei e à política aqui expostas". Contudo, como Hobbes bem sabia, essa era uma pretensão quase desesperadamente polêmica. Segundo muitos escritores políticos de seu tempo, a forma de submissão absoluta com a qual ele próprio estava comprometido correspondia pura e simplesmente a uma condição de sujeição completa e de servidão. Esses autores, Hobbes o admitia, objetavam que a submissão descrita por ele é uma "condição dura", e que "por ódio a isso" chamavam-na escravidão (Hobbes 1969a, 20.15, p.114-5). Ademais, eles negavam que o ato de submeter-se à necessidade de um governo deveria implicar tal perda de liberdade. Pelo contrário, eles insistem em que há circunstâncias nas quais faz perfeito sentido um homem considerar a si mesmo livre, apesar de viver submetido a um poder civil, e consequentemente eles pensam ser possível distinguir o "governo de homens livres" do tipo de governo "senhorial", o qual querem condenar (Hobbes 1969a, 23.9, p.134; 24.2, p.138). Precisamos, a seguir, considerar essas tradições rivais de pensamento constitucional e os esforços de Hobbes, em *Os elementos*, em respondê-las e desacreditá-las.

II

Hobbes manifesta uma consciência aguda das três diferentes correntes de pensamento sobre as relações entre liberdade, submissão e servidão. Ele preocupa-se particularmente com as concepções dos monarquistas moderados ou "constitucionais", segundo os quais não é necessariamente incompatível viver como homens livres e submetidos ao governo de reis.[1] Encontramos essa alegação repetidamente afirmada pelos juristas da Coroa inglesa em suas contendas com a Câmara dos Comuns nas primeiras décadas do século XVII. Nesse período, os Comuns começaram a expressar apreensões consideráveis sobre a maneira de a Coroa usar suas prerrogativas, e essas ansiedades chegaram ao clímax no Parlamento de 1628, quando a Petição dos Direitos foi apresentada a Carlos I. A intenção subjacente à Petição, segundo o porta-voz da Câmara dos Comuns, era "de fazer valer certas liberdades justas e legais dos súditos livres desse reino em face das violações do passado, e de preservá-lo de inovações futuras" (Johnson et al., 1977b, p.562). Os Comuns estão preocupados, explica o porta-voz, em se ver solicitados "a reconhecer, no rei, um poder soberano acima das leis e dos estatutos do reino", e desejam ter confirmação de que a Coroa reconheça "um direito inerente e interesse de liberdade e franquia nos súditos desse reino como seu direito de nascimento e de herança" (Johnson et al., 1977b, p.565-6). Uma de suas ansiedades, em outras palavras, era que o rei parecia estar se arrogando uma forma arbitrária de poder, cujo efeito iria reduzir seus súditos do *status* de homens livres à condição de servidão. Sir John Eliot resumiu bem o mal-estar quando observou que o rei parecia não querer entender que "a grandeza de seu poder reside na liberdade de seu povo, no fato de ele ser um rei de homens livres, não de escravos" (Johnson et al., 1977b, p.8).

---

[1] Sobre o monarquismo constitucional (por oposição ao monarquismo de direito divino) ao final da década de 1630 e início dos anos 1640, cf. Smith (1994, p.16-38); Wilcher (2001, p.21-120).

Para os desejosos de amenizar tais ansiedades sem deixar de sustentar a autoridade do rei, havia prontos à mão argumentos poderosos na obra de Jean Bodin e outros teóricos recentes da soberania. A *République* de Bodin fora traduzida para o inglês por Richard Knolles com o título de *Six Bookes of a Commonweale* [Seis livros da República], em 1606, e conquistara imediatamente muitos leitores (Salmon, 1959, p.24). Bodin concede que, nos termos da tradução de Knolles, se estamos falando da condição dos súditos sob uma monarquia "senhorial", então se deve admitir que eles não podem esperar viver como *liberi homines*. A razão é que, sob tais regimes, "o príncipe torna-se senhor dos bens e das pessoas de seus súditos", em consequência do que eles são governados "como o senhor de uma família governa seus escravos" (Bodin, 1606, 2.2, p.200). Contudo, Bodin insiste que sob "uma monarquia legal ou régia" não há necessariamente colisão entre a soberania do governante e a liberdade de seus súditos (Bodin, 1606, 2.2, p.200). Isso porque "um monarca régio ou rei, instalado na soberania, sujeita a si mesmo às leis de natureza", e está, assim, obrigado a promover o bem comum (Bodin, 1606, 2.2, p.204). Em decorrência disso, seus súditos estão em condição de gozar da "liberdade natural, e da propriedade dos bens", estando todos "educados em liberdade, e não abastardados pela servidão" (Bodin, 1606, 2.2, p.204; 2.3, p.204).

À medida que a disputa entre a Coroa inglesa e o Parlamento se agravava, o governo procurou repetidamente acalmar as duas Câmaras com argumentos similares. Dirigindo-se aos refratários membros dos Comuns, em 1610, o *Attorney General* tomou como seu dever mostrar que podemos esperar "caminhar entre o direito do rei e a liberdade do povo" (Foster, 1966, v.2, p.198). Confrontados com a Petição dos Direitos, em 1628, os ministros de Carlos I reiteraram que a soberania do rei podia ser prontamente reconciliada com a liberdade do povo. O Lorde Chanceler garantiu categoricamente às duas Câmaras que não precisavam diminuir nem macular a prerrogativa régia para assegurar "a justa liberdade de suas pessoas e a segurança de suas propriedades" (Johnson et al., 1977b, p.125). De forma similar, Sir John Coke, o Secretário de Estado, admitiu que o rei "considera como sua maior glória ser um rei de homens livres" e que ele "nunca vai comandar escravos"

(Johnson et al., 1977a, p.278, 282).² O rei reconhece, insiste Coke, que ele está fundamentalmente obrigado pela lei, e "governar-nos-á de acordo com as leis e os costumes do reino" (Johnson et al., 1977b, p.212-3). Além disso, pode-se confiar que ele exerce seus direitos de prerrogativa "para o nosso bem", de sorte que ninguém pode descrever seus poderes como arbitrários (Johnson et al., 1977b, p.213). Em decorrência disso, podemos estar seguros de que "ele nos manterá nas liberdades de nossas pessoas e propriedades de nossos bens", não havendo razão alguma para alguém temer a perda de sua condição de homem livre (Johnson et al., 1977b, p.213).

De maior interesse para Hobbes era um segundo e mais radical elemento na teoria constitucional de sua época. Como ele mesmo observa, segundo essa outra corrente de pensamento, somente é possível viver como homens livres sob reis se a monarquia toma uma forma constitucional específica, a de "governo que eles pensam como uma mistura das três espécies de soberania" (Hobbes, 1969a, 20.15, p.115). Bodin, em seu célebre ataque contra a ideia de Estados mistos – e Hobbes refere-se explicitamente a essa passagem da *République* – havia nomeado essa *grand personnage* que era o cardeal Gasparo Contarini como o último expoente dessa antiga e perigosa crença (Bodin, 1576, 2.1, p.219).³ Segundo Bodin, a concepção de Contarini é que, além de monarquia, aristocracia e democracia, podemos falar de um quarto tipo de constituição, um "misto das outras três".⁴ Contarini apresentara esse argumento em seu *De magistratibus & republica venetorum*, cuja primeira edição apareceu em Paris em 1543, um ano depois de sua morte. A constituição mista específica, exaltada por Contarini, é a que pode ser encontrada em sua Veneza natal, na qual o Doge preside, o Senado vigia o trabalho cotidiano do governo, e a autoridade legislativa final pertence a um Grande Conselho

---

² Sobre o papel desempenhado por Coke no Parlamento em 1628, cf. Young (1986, p.171-85).
³ Para a referência de Hobbes à análise de Bodin, cf. Hobbes (1969a, 27.7, p.172-3); sobre o conceito de governo misto em Contarini, cf. Blythe (1992, p.286-7).
⁴ Bodin (1576, 2. 1, p.219) fala de "la quatrième mêlée des trois" ("a quarta misturada às outras três").

ao qual todo indivíduo que é cidadão, e, portanto, *liber homo*, tem direito à admissão.[5]

Contarini leva sua análise a um fechamento retumbante, asseverando que é devido a esse governo misto que o povo de Veneza tem sido capaz de viver em liberdade por mais tempo que qualquer outro Estado:

> Graças ao seu governo moderado, nossa República obteve o que nenhuma das Repúblicas antigas, por mais renomadas, jamais conseguiu. Porque, desde o começo até o nosso próprio tempo, um período de aproximadamente mil e duzentos anos, ela preservou sua liberdade não apenas da dominação estrangeira mas também de toda sedição civil de qualquer monta.[6]

Como Contarini havia já explicitado antes em várias passagens, se é desejável manter um tal modo de vida livre, deve-se garantir acima de tudo que se institua "uma mistura de todas as formas legais de governo".[7]

No curso de poucos anos, certo número de teóricos constitucionais ingleses começou a escrever no mesmo sentido, incluindo John Ponet, John Aylmer e Sir Thomas Smith.[8] Mas mesmo aceitando que, nas palavras de Ponet, "um Estado misto" é "o melhor tipo possível",[9] a mistura por eles recomendada contrastava fortemente com a opinião de Contarini de que o poder legislativo supremo deveria ser confiado a uma assembleia única do povo. Eles se declaravam, ao contrário, em favor do sistema inglês sob o

---

[5] Contarini (1543, p.14) admite que "civis liber est homo", isto é, que todo indivíduo dotado de cidadania é um *liber homo*.
[6] Contarini (1543, p.113): "Quo gubernationis temperamento id est respublica nostra consecuta, quod priscarum nulla alioquin illustrium. Nam a primis initiis ad haec usque tempora mille fere ac ducentis annis perseveravit libera non tantum ab exterorum hominum dominatu, verumetiam a civili seditione, quae fuerit alicuius momenti".
[7] Contarini (1543, p.13) elogia os venezianos pelo fato de que "adhibuere[nt] eamque mixtionem omnium statuum qui recti sunt". Cf. também p.28 sobre como "omnes rectas gubernationes ... in hac Republica commixtas esse".
[8] [Ponet] 1556, sig. A, 5^r, sig. B, 5^v; [Aylmer] 1559, sig. H, 2^v-4^r; Smith (1982, p.52).
[9] [Ponet] 1556, sig. A, 5^r.

qual o direito de legislar pertencia conjuntamente ao monarca e às duas Câmaras do Parlamento. Como Aylmer explica em sua *Harborowe* de 1559, o povo da Inglaterra descobriu que o melhor meio de defender sua liberdade é manter "um regime misto" de monarquia, oligarquia e democracia, cuja imagem "se vê nas câmaras do Parlamento", nas quais os três estados legislam juntos.[10] Este era também o modelo invocado pelos críticos mais audaciosos da prerrogativa régia nos primeiros Parlamentos da dinastia Stuart. Quando Sir Thomas Herdley pronunciou na Câmara dos Comuns, em 1610,[11] seu grande discurso sobre a liberdade dos súditos, repetiu que "a composição justa e mista" da constituição inglesa é tal que "este reino goza das bênçãos e dos benefícios de uma monarquia absoluta e de um Estado livre" (Foster, 1996, v.2, p.191). Por um lado, é reconhecido ao rei "o direito a numerosas prerrogativas de grande amplitude", mas, por outro, a "liberdade e a franquia legais dos súditos" são garantidas pela *common law* e pela Alta Corte do Parlamento (Foster, 1966, v.2, p.191).

Poder-se-ia esperar que Hobbes se concentrasse sobre essa tradição inglesa da teoria constitucional, mas de fato nunca a menciona em *Os elementos*. Quando descreve o tipo de governo misto que supostamente nos permite "evitar o que estimam ser a dura condição da submissão absoluta" (Hobbes, 1969a, 20.15, p.114-5), a estrutura que ele disseca lembra muito mais a *De republica venetorum* de Contarini – uma obra disponível para ele em duas versões na biblioteca Hardwick (Hobbes MS E.1.A, p.69, 126). Quando o tratado de Contarini foi vertido para o inglês por Lewes Lewkenor, sob o título *The Common-wealth and Government of Venice* [A República e o governo de Veneza], em 1559, este último fez o primeiro sustentar que o melhor meio para manter a liberdade civil consistia em instituir uma grande assembleia com "todo o poder" de legislar e outra assembleia de "todos os principais ministros" e um único homem em nome do qual "são promulgados todos os decretos, as leis e as cartas públicas" (Contarini, 1599, p.18, 65). Essa análise é ecoada por Hobbes, com uma proximidade digna de nota,

---

[10] [Aylmer] 1559, sig. H, 3ʳ.
[11] Para uma análise completa do discurso de Hedley, cf. Peltonen (1995, p.220-8).

em *Os elementos*, onde de maneira similar fala de um sistema sob o qual "o poder de fazer leis" é "dado a alguma grande assembleia democrática", enquanto "o poder de justiça" é dado "a alguma outra assembleia" e "a administração das leis" é dada a "algum homem apenas" (Hobbes, 1969a, 20.15, p.115). Essa é a organização do poder que, na opinião de Hobbes, os teóricos constitucionais de seu tempo têm em mente quando asseveram que somente é possível viver como um homem livre em um Estado misto.

Hobbes também estava muito preocupado com a versão ainda mais radical da ideia de que somente é possível viver como um homem livre sob uma única forma particular de governo. De acordo com essa outra corrente da teoria constitucional de seu tempo, o único meio de preservar nossa liberdade é viver em um "Estado livre", um Estado no qual somente as leis imperam, e no qual todos dão seu consentimento ativo às leis que a todos obrigam. Em outras palavras, sustentava-se ser essencial viver em uma democracia ou em uma República que se autogoverna, em oposição a qualquer forma de regime monárquico ou mesmo misto. Somente sob uma organização política que se governa a si mesma, asseverava-se, seria possível permanecer livres de toda dependência e sujeição às vontades arbitrárias que confiscam nossa condição de homens e nos marcam como escravos.

Esse encadeamento de raciocínio fora igualmente herdado da Antiguidade e, em particular (como o próprio Hobbes iria assinalar no *Leviatã*), das "obras de história e de filosofia dos antigos gregos e romanos" (Hobbes, 1996, p.149). O mais antigo historiador grego a oferecer uma análise sistemática nessa linha interpretativa tinha sido Tucídides,[12] e não deixa de ser uma grande ironia que a versão grega do argumento começasse a ser conhecida na Inglaterra devido em parte à tradução que Hobbes fizera de a *História da Guerra do Peloponeso*. A tradução de Hobbes faz Tucídides falar frequentemente em "Estados livres",[13] especialmente nos vários discursos oficiais que pontuam sua narrativa. Quando um orador emprega essa expressão, é em geral evidente que ele quer dizer que o Estado

---

[12] Embora existam observações comparáveis no livro 3 das *Histórias* de Heródoto.
[13] Cf., por exemplo, Hobbes (1843a, p.183, 258; 1843b, p.286, 288).

em questão é livre da sujeição à vontade de quaisquer outros que não os seus próprios cidadãos, e, por consequência, livre de toda tirania interna ou dependência de qualquer outro Estado. Quando, por exemplo, Péricles, em sua Oração fúnebre, no livro II, celebra "o estado de liberdade" herdado por seus concidadãos, descreve-o como a condição de ser "por si mesmo autossuficiente" (Hobbes, 1843a, p.190). Quando o embaixador de Mitilene declara, no livro III, que sua própria cidade permanece "nominalmente um Estado livre", indica, portanto, que ele e seus concidadãos "têm ainda suas próprias leis" (Hobbes, 1843a, p.277). Quando Hermócrates, no livro IV, pronuncia seu discurso em favor da paz, ele também equaciona o desejo de "vermos nossas cidades livres" e de sermos "senhores de nós mesmos" (Hobbes, 1843a, p.445).

É consenso entre esses oradores que viver em uma cidade livre é o que nos permite viver em liberdade pessoal. Péricles proclama que, por habitarem ele e seus companheiros atenienses em uma democracia, "vivem não só livres com relação à administração do Estado mas também com relação uns aos outros" (Hobbes, 1843a, p.191). Hermócrates felicita-se igualmente de que os cidadãos de Atenas não "servem sempre ao Meda ou a algum outro senhor", mas que "são dórios e homens livres", cada um gozando de sua própria liberdade" (Hobbes, 1843b, p.194). O contraste é invariavelmente com os que estão condenados a viver submetidos à vontade de um tirano ou de outro Estado. Brásidas, em seu discurso no livro IV, compara os gregos que "gozam ainda de suas próprias leis" com os que estão sob domínio de Atenas e são desse modo "mantidos na servidão" (Hobbes, 1843a, p.469). Nícias, no livro VI, recorre à mesma fórmula, ao comparar a liberdade dos cidadãos que vivem sob suas próprias leis com a "dura servidão" dos que vivem sob um senhor (Hobbes, 1843b, p.136). A distinção continuamente invocada é entre os que se governam a si mesmos, e desse modo gozam sua liberdade, e os que vivem sob a vontade de outrem, e desse modo vivem na escravidão (Hobbes, 1843a, p.72, 228), sujeição (Hobbes, 1843a, p.228, 434; 1843b, p.31, 102, 187, 198, 364, 370) ou servidão (Hobbes, 1843a, p.217, 277, 326, 495; 1843b, p.10, 82, 158).

A despeito de seu alto prestígio, a *História* de Tucídides desempenhou provavelmente um papel marginal na difusão das ideias gregas sobre os Estados livres na Inglaterra do início do século XVII. Importância muito maior teve a *Política* de Aristóteles, especialmente depois de sua primeira tradução completa para o inglês, em 1598. Quando Aristóteles, no Capítulo 2 do livro VI, empreende o exame de "O que constitui o fim e o fundamento da democracia", começa anunciando que "o fim e o fundamento do Estado popular é a liberdade". Acrescenta que, "segundo o velho ditado, é apenas nessa República que os homens gozam de liberdade, tal como parece ser o mesmo o objetivo de todo Estado popular" (Aristóteles, 1598, 6.2, p.339).[14] A liberdade de que gozam os cidadãos de tais comunidades é por sua vez contrastada com a "propriedade da escravidão", que é definida como a condição na qual não é possível "a um homem viver segundo sua própria discrição". Possuir a liberdade é "para os homens viver como desejam"; viver na escravidão é viver na sujeição à vontade e discrição de outrem (Aristóteles, 1598, 6.2, p.340).

Como Hobbes iria assinalar no *Leviatã*, na Inglaterra do início do século XVII, apresentava quase o mesmo significado a interpretação que os historiadores da Roma antiga haviam dado ao mesmo conceito de *civitas libera* (Hobbes, 1996, p.149, 225-6). O perigo especial representado por seus escritos, como Hobbes observa amarguradamente no fim de *Os elementos*, provém do fato de que "não só o nome de um tirano, mas também de um rei, era odioso" para "os que escreveram no Estado romano" (Hobbes, 1969a, 27.10, p.175). No início de sua narrativa sobre a liberdade romana, no livro II de sua *História*, Tito Lívio descreve como o povo romano conseguiu se desembaraçar de seus reis. Philemon Holland – cuja tradução de 1600 estava disponível a Hobbes na biblioteca Hardwick – verte essa passagem crucial dizendo que, depois de expulsar os Tarquínios, "o povo de Roma" se capacitou a estabelecer "um Estado livre a partir desse momento". "Essa liberdade que era sua", prossegue, consistia no fato de "a autoridade e o governo das leis" terem se tornado "mais potentes e poderosos que os dos homens". O povo agora somente dependia das leis, de nenhuma

---

[14] Isto não equivale a dizer que Aristóteles apoiava a democracia. Como Nelson (2004, p.11-3) sublinhou, as concepções de Aristóteles sobre a natureza humana conduzem-no àquilo que se pode chamar de posição antirromana.

outra vontade individual, e era capaz, por consequência, de viver em liberdade (Livy, 1600, p.44).

Tácito, posteriormente, em sua obra *Anais*, escreveu uma narrativa imortal sobre como esse processo chegou ao fim. Essa narrativa, por sua vez, tornou-se disponível aos leitores ingleses quando Richard Grenewey publicou sua tradução em 1598 – uma versão também disponível para Hobbes na biblioteca Hardwick (Hobbes, MS E.1.A, p.115). Tácito começou com uma evocação melancólica sobre como (nas palavras de Greneway) "a antiga forma de governo da República livre foi deixada de lado. Depois que a constituição foi "posta de ponta-cabeça, as marcas louváveis dos velhos costumes" não mais foram vistas. As pessoas não mais eram governadas pela lei, mas viram-se forçadas a adotar uma posição de dependência na qual "cada homem se empenhava em obedecer ao príncipe". Tácito não tinha dúvida de que viver sob tal dominação leva à escravidão, e concluiu logicamente que, submetendo-se à mudança, "os Cônsules, os Senadores e os Nobres se lançavam de cabeça na servidão" (Tacitus, 1598, p.2-3).

Essas celebrações nostálgicas das *civitas libera* tiveram um impacto considerável na teoria política inglesa na geração que precedeu a guerra civil, como os escritos de Richard Beacon e de Thomas Scott o atestam suficientemente.[15] De importância ainda maior, contudo, foi a publicação no mesmo período da tradução inglesa, por Edward Dacres, dos *Discorsi* de Maquiavel sobre a primeira década de Tito Lívio. A essa altura, Bodin havia atacado Maquiavel como um dos principais críticos da soberania indivisível (Bodin, 1576, 2.1, p.219), e é concebível que Hobbes tivesse, em parte, Maquiavel em mente quando fala em *Os elementos* desses teóricos políticos que pretendem "que *há um governo para o bem de quem governa e outro para o bem dos que são governados*", e que somente o último pode ser descrito como "*um governo de homens livres*" (Hobbes, 1969a, 24.1, p.138). Hobbes assevera-nos, em uma nota marginal, que está se referindo à classificação aristotélica dos regimes,[16] mas

---

[15] Sobre Beacon e Scott, cf. Peltonen (1995, p.75-102, 229-70)
[16] B. L. Harl. MS 4235, fo. 102ʳ possui uma nota marginal para esta passagem, cujas evidências apontam para a autoria de Hobbes, "Aristóteles, Pol. Lib. 7, cap.14".

sua fraseologia lembra curiosamente o contraste que, nos *Discorsi*, Maquiavel estabelece entre tiranias e Estados livres. A tradução dos *Discorsi*, por Dacres, estava disponível para Hobbes na biblioteca Hardwick (Hobbes, MS E.1.A, p.132), e nessa versão faz-se dizer a Maquiavel que, sob o governo de um príncipe, "aquilo que é feito para ele prejudica a cidade", de sorte que o benefício não "resulta para a República mas unicamente para ele".[17] A moral a ser extraída é que as únicas formas de governo sob as quais o interesse dos governados é respeitado são as repúblicas, "porque tudo que é feito para a vantagem deles é posto em prática", em decorrência do que as pessoas estão capacitadas a viver em liberdade (Maquiavel, 1636, 2.2, p.260).

Maquiavel enfatiza nessa passagem, como em muitas outras dos *Discorsi*, que nunca podemos esperar viver em liberdade sob o governo de um príncipe. Isso por sua vez significa que ele está interessado particularmente em saber como os que caem na servidão podem ser capazes de readquirir sua liberdade. Tito Lívio havia consagrado ao tema uma passagem célebre no fim do livro XXX de sua *História*, no momento em que encerra seus dez livros sobre a guerra contra Aníbal, na qual Cipião acaba por triunfar. Tito Lívio menciona um homem de categoria senatorial, Quintus Terentius Culleo, um dos romanos capturados e escravizados pelos cartagineses. Com a vitória final de Cipião, Culleo recupera sua liberdade, e Tito Lívio lembra (nas palavras da tradução de Holland) que "enquanto *Cipião* conduzia seu carro triunfal, *Q. Terentius Culleo* seguia atrás com a testa paramentada com o símbolo da liberdade; e este, depois, enquanto viveu honrou sempre àquele como o autor de sua liberdade" (Livy, 1600, p.772).

Claro que Tito Lívio está falando de um cidadão individual resgatado da escravidão. Mas, em geral, aceitava-se que era possível falar em termos análogos da libertação de comunidades inteiras. Encontramos o reflexo dessa apropriação na arte italiana, de um período tão recuado como o Trezentos, no exemplo importante que é o afresco atribuído a Orcagna, agora no Palazzo Vecchio em Florença, mostrando a expulsão do duque de Atenas da cidade de Florença

---

[17] Maquiavel (1636, 2.2, p.261, 263). Suprimi algumas pontuações.

em 1342 e a restauração do *vivere libero*. O mesmo tema reaparece nos livros de emblemas, em que o ato de libertar um povo escravizado é geralmente simbolizado pela presença do *pilleus*, o boné da liberdade usado pelos escravos – à maneira lembrada por Tito Lívio – no momento de sua alforria.[18] Andrea Alciato fornece um exemplo memorável em seu *Emblemata*, que inclui uma imagem da *Respublica liberata* comemorando o fim da tirania e a recuperação da liberdade na Roma antiga (Figura 6) (Alciato, 1621, p.641).[19] A referência aos idos de março nos diz que o tirano era Julio César; os dois punhais lembram como Brutus e Cassius puseram fim à tirania; e a presença do *pilleus* certifica que eles libertaram o corpo político da servidão. Como declara o primeiro verso do dístico de Alciato que glosa a imagem: "Com a remoção de César, a liberdade foi recuperada".[20]

6. Alciato, Andrea (1621). *Emblemata cum commentariis amplissimis*, Padua, p.641.

---

[18] Falar de "vocare ad pilleus" ("chamar um escravo ao *pilleus*") equivalia ao ato de manumissão. Cf., por exemplo, Sêneca (1917-25, 47. 17, v.1, p.310).
[19] Nesta edição, que inclui o comentário de Claude Mignault, a imagem encontra-se regravada, tendo por efeito antes esclarecer do que modificar a moral já extraída de Alciato (1550, p.163). Entre os livros de emblemas nos quais o *pilleus* é utilizado para simbolizar a liberdade, citamos Paradin (1557, p.176); Simeoni (1562, fo. 3ᵛ); Ripa (1611, p.313); Bruck (1618, p.57, 193); Meisner (1623) (Figura 8).
[20] Esta é a explicação fornecida na versão original do emblema. Cf. Alciato (1550, p.163): "Caesaris exitio [...] libertate recepta".

Essa é a forma de libertação pela qual Maquiavel também se interessa nos *Discorsi*. Quando se pergunta, nos Capítulos 16 e 17, se um povo pode esperar passar de uma forma monárquica de governo a uma republicana, faz equivaler essa transição à mudança que leva de uma vida "de sujeição a um Príncipe" a outra em que são eles capazes de "manter sua liberdade" (Maquiavel, 1636, 1.16, p.81). Ele fala em tentar "governar uma multidão quer pela liberdade, quer pela instituição de um Principado", e contrasta as cidades livres com as cidades "vivendo sob um Príncipe" (Maquiavel, 1636, 1.16, p.84; 1.17, p.88). Acima de tudo, pretende que é possível para os cidadãos de maneira individual viver "livremente" se, e somente se, viverem em repúblicas ou "Estados livres" (Maquiavel, 1636, 1.16, p.83). Pode-se, pois, dizer que, com sua tradução dos *Discorsi*, Edward Dacres forneceu às elites governantes inglesas – no momento em que elas já estavam profundamente descontentes com seu governo – uma exposição magistral da pretensão mais explosiva associada aos protagonistas dos Estados livres: que, como Maquiavel o exprime, se, e somente se, um povo tem "em mãos as rédeas de seu governo ele pode ser descrito como vivendo livre da servidão" (Maquiavel, 1636, 1.2, p.8).

III

Uma das principais ambições de Hobbes em *Os elementos* é resistir a essas várias tradições do pensamento constitucional e diminuir seu prestígio. Primeiramente, responde àqueles pensadores que, como ele desdenhosamente os considera, "inventaram um governo que pensam ser uma mistura de três espécies de soberania" (Hobbes, 1969a, 20.15, p.115). Supondo que seja possível criarmos uma mistura tal, replica ele, "como essa condição que eles chamam de escravidão ficaria por isso atenuada?" (Hobbes, 1969a, 20.16, p.115). Se as três partes do governo estão de acordo umas com as outras, então permanecemos "tão absolutamente submetidos a elas quanto o está uma criança ao pai ou um escravo ao senhor"; se estão em desacordo, então somos deixados sem nenhum soberano, e revertemos à condição da mera natureza (Hobbes, 1969a, 20.16, p.115). Mas isso quer dizer que uma soberania dividida "ou não produz nenhum efeito, para a eliminação da simples sujeição, ou produz a guerra", o que é sempre pior (Hobbes, 1969a, 20.16, p.115).

Voltando a esse problema no capítulo sobre a dissolução das repúblicas, Hobbes declara que "se existisse uma República onde os direitos da soberania fossem divididos, deveríamos confessar com Bodin, livro II, capítulo 1, *De Republica*, que elas não poderiam ser corretamente chamadas repúblicas, mas corrupção de repúblicas" (Hobbes, 1969a, 27.7, p.172-3). A razão, como Bodin explicara, é que a "soberania é indivisível" por sua própria natureza (Hobbes, 1969a, 20.15, p.115), de sorte que toda comunidade na qual mais de uma autoridade tem o direito de legislar está condenada à dissensão. Os autores de livros de emblemas representaram, algumas vezes, as querelas daí resultantes como um combate entre duas figuras régias por uma trompa, uma aparente alusão ao fato de que na Antiguidade (como Bodin observara) "os magistrados com poder para reunir em assembleia o povo ou o Senado veiculavam seu mandamento ao som da trompa".[21] A moral, como se pode ler, por exemplo, na fortemente monarquista *Emblemata* de Gregorius Kleppisius de 1623, é que "assim como duas pessoas não podem soar a mesma trompa, cada reino também necessita de um rei único" (Figura 7).[22] Hobbes concorda plenamente com essa exposição que descreve como "o erro concernente ao governo misto" (Hobbes, 1969a, 27.7, p.173). "A verdade", ele conclui, "é que o direito de soberania é de tal natureza que seu detentor não pode, mesmo que o queira, abandonar uma parte e conservar o restante" (Hobbes, 1969a, 27.7, p.173). A ideia de uma monarquia mista é menos um erro que uma impossibilidade.

---

[21] Bodin (1576, 3.7, p.390): "comme il se faisoit anciennement en Grèce, & en Rome, quand les Magistrats, qui avoyent cette puissance de faire assembler le peuple ou le Sénat, faisoyent publier leurs mandements à son de trompe". Cf. também Bodin (1576, 3.6, p.373) sobre como os cônsules em Roma publicavam seus éditos "ao som da trompa".

[22] Kleppisius (1623): "duo nescia[nt] [tubam] ferre: ista Regnum Regem unum unum vult". O livro de Kleppisius não possui indicações de página nem assinatura, mas a imagem relevante encontra-se na trigésima primeira página do mesmo. Para outro emblema do *mixtus status*, ver Sambucus (1566, p.93).

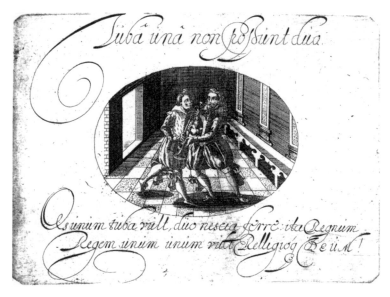

7. Kleppisius, Gregorius (1623). *Emblemata varia*, n.p., imagem 31.

A principal preocupação de Hobbes, contudo, é com a alegação mais geral de que é sempre possível a um homem, enquanto se submete a um governo, permanecer livre. Aqui ele responde da maneira mais categórica. "A liberdade é o estado de quem não é súdito", mas sob qualquer forma de governo somos obrigados a viver em "absoluta sujeição" ao poder soberano (Hobbes, 1969a, 20.15, p.115; 23.9, p.134). A ideia de viver como um homem livre sob um governo é consequentemente descartada como uma pura contradição nos termos. O parágrafo que encerra *Os elementos* confirma impiedosamente que, quando falamos de diferentes constituições do poder soberano, referimo-nos simultaneamente aos diferentes meios pelos quais "a liberdade de natureza é restringida" (Hobbes, 1969a, 29.10, p.190).

Dessa verdade inelutável, segundo Hobbes, segue-se que os que falam sobre a possibilidade de viver como homens livres sob um governo não estão realmente se referindo à liberdade. Como não se cansa de enfatizar, no seio das associações civis não pode haver *"nenhuma* isenção da sujeição e da obediência com relação ao poder soberano" (Hobbes, 1969a, 23.9, p.134; grifos meus). Por isso, quando esses autores falam de permanecer em liberdade sob um governo, "sob o simples nome de liberdade" devem estar se referindo a algo que "aparece sob a forma" dessa coisa sem ser de fato a própria coisa (Hobbes, 1969a, 24.2, p.139). O passo seguinte consiste, portanto, em descobrir o que eles estão realmente entendendo por construir suas alegações "de acordo com a intenção de quem faz a alegação" (Hobbes, 1969a, 27.3, p.170).

Continuando nessa linha, Hobbes volta-se primeiro para os que insistem em afirmar que podemos viver como homens livres sob um governo se, e apenas se, vivermos em uma democracia ou Estado livre. Aqui, ele admite, é fácil reconstruir o que estão realmente falando: não é de liberdade que esses autores estão falando, mas de soberania. Para justificar essa interpretação, Hobbes examina a passagem do livro VI da *Política*, em que Aristóteles refletira sobre a opinião corrente segundo a qual a liberdade somente é possível em regimes que se governam a si mesmos. Hobbes reconhece em Aristóteles o mérito de "corretamente dizer" que "*o fundamento ou a intenção de uma democracia é a liberdade*" (Hobbes, 1969a, 27.3, p.170). A razão de isso fazer sentido, contudo, não é por podermos esperar conservar nossa liberdade no momento em que nos submetemos a um governo. É, antes, pelo fato de, em instituindo uma democracia, não nos submetermos efetivamente a um governo. Cada indivíduo se torna um súdito, mas o povo enquanto massa passa a ser o possuidor da soberania (Hobbes, 1969a, 20.3, p.109). Embora seja possível descrever essa organização dizendo "*que ninguém pode compartilhar da liberdade, a não ser em uma República*" – como Aristóteles faz quando se refere ao que "os homens dizem geralmente" –, o sentido realmente descrito é que, em uma democracia, todo homem passa a compartilhar do poder soberano (Hobbes, 1969a, 27.3, p.170). Hobbes extrai a moral em seu estilo mais enfático: "visto que a liberdade não pode existir com a sujeição", segue-se que "a liberdade em uma República não é senão governo e regulamento" (Hobbes, 1969a, 27.3, p.169).[23]

A seguir, Hobbes passa a examinar a alegação de que é possível um homem permanecer livre mesmo estando submetido ao

---

[23] Para uma discussão distinta desta passagem, cf. Hoekstra (2006b, p.214-6).

governo de um rei soberano. Aqui, ele se compraz em exibir sua estupefação. Embora a alegação republicana ou "democrática" seja equivocada, Hobbes sustenta, pelo menos é possível reconhecer o que está sendo argumentado: que a posse da liberdade pressupõe o direito de participar do governo. Mas o que é possível dizer a alguém que "reivindica a liberdade" mesmo vivendo "em um Estado monárquico, em que o poder soberano está absolutamente nas mãos de um único homem"? (Hobbes, 1969a, 27.3, p.170). Dado que estamos completamente submetidos a um poder soberano, como podemos pretender sermos livres ao mesmo tempo?

Como vimos, a resposta dada pelos representantes legais de Carlos I à Câmara dos Comuns foi que, enquanto o soberano estiver limitado pela lei do país, não há impedimento de viver como um homem livre sob uma monarquia. Uma argumentação semelhante foi em seguida desenvolvida por vários monarquistas constitucionais associados ao "círculo Great Tew" no fim da década de 1630, incluindo Edward Hyde e o Visconde de Falkland, ambos os quais procuraram sugerir a Carlos I que abraçasse um ideal de monarquia limitada governada pela lei.[24] A despeito das relações pessoais que Hobbes mantinha com esses e outros membros do "círculo Great Tew", depois que voltou da França, em 1636,[25] aproveitou a oportunidade oferecida por *Os elementos* para denunciar todo o projeto monarquista constitucional nos termos mais veementes. Considera que não passa de confusão sugerir que todo soberano autêntico pode até mesmo ser limitado pela lei do país. "Como é possível dizer desse ou desses homens que estão submetidos às leis se têm o poder de ab-rogá-las à vontade e desrespeitá-las sem medo de punição?" (Hobbes, 1969a, 27.6, p.172) Se são soberanos autênticos, então "nenhum mandamento pode ser uma lei para eles", de sorte que a própria ideia de soberania limitada não é mais que uma contradição nos termos (Hobbes, 1969a, 27.6, p.172).

Mas, e os argumentos sobre essa questão, formulados por Bodin e outros teóricos da soberania? Como vimos, Bodin sustentara não

---

[24] Sobre o realismo "constitucional" de Hyde e Falkland naquele contexto, cf. Smith (1994, 3-5, 62-71).
[25] Sobre Hobbes e o "círculo Great Tew" cf. Tuck (1993, p.272, 305); Dzelzainis (1989); Parkin (2007, p.21, 24-5).

ser impossível conservar nosso *status* de homens livres vivendo sob uma forma "legal" de monarquia, respeitadora de nossa liberdade e propriedade. É somente se formos governados por um monarca "senhorial", ou por um príncipe tirânico "que abusa da liberdade de seus súditos ao tratá-los como seus escravos", que temos confiscada nossa condição de homens livres e caímos na servidão.[26] A resposta de Hobbes é que mesmo essa concepção da soberania é também muito concessiva e conciliadora. Ele se recusa a estabelecer qualquer distinção entre monarquias "legais" e "senhoriais", e considera um traço das monarquias, e não das tiranias, que os príncipes tenham direito de propriedade sobre os seus súditos. A "propriedade", como ele resume com dureza, "sendo derivada do poder soberano não pode ser invocada contra o mesmo" (Hobbes, 1969a, 24.2, p.140).[27] Todas as monarquias são, em poucas palavras, formas "senhoriais" de governo.

Para Hobbes, consequentemente, o enigma permanece: o que alguém quer realmente dizer quando afirma ser um homem livre mesmo vivendo sob uma monarquia, na qual a soberania e todos os direitos que a mesma implica estão inevitavelmente nas mãos do próprio rei? Hobbes sugere que a construção intrincada do seu sentido se deve à incapacidade que eles têm de se pensarem como súditos; o que demandam na realidade é "dispor da soberania" ou então "de mudar a monarquia em uma democracia" (Hobbes, 1969a, 27.3, p.170). Uma vez levantada essa possibilidade, ele a rejeita, contudo, preferindo identificar a intenção subjacente dos que falam de liberdade nesse sentido. O que ressalta, Hobbes afirma, é que eles não estão falando absolutamente de liberdade, mas de um certo tipo de esperança social que tende a surgir entre os que "instituem" repúblicas por oposição aos que são obrigados, pela força, a se submeterem.

Essa é a linha de pensamento que Hobbes segue no Capítulo 23 de *Os elementos*. "Quem se submete sem a isso estar obrigado",

---

[26] Bodin (1576, 2.4, p.245) fala da "monarquia tirânica" ("la monarchie tyrannique") sob a qual o soberano "abuse de la liberté des francs sujets, comme de ses esclaves".

[27] Esta ideia permaneceu inabalável como a doutrina de Hobbes. Para sua última formulação, cf. Hobbes (2005, p.34-5).

ele postula, estará inclinado a pensar que "há razão para esperar ser mais bem tratado do que quem o faz sob compulsão" (Hobbes, 1969a, 23.9, p.134). Em particular, ele tenderá a esperar, e mesmo a atender, que será recompensado com alguma posição de honra ou de responsabilidade na República. É isso, pois, o que ele realmente quer dizer quando "se chama a si mesmo, apesar de em estado de submissão, um HOMEM LIVRE" (Hobbes, 1969a, 23.9, p.134). Como Hobbes acrescenta a seguir, o que está sendo demandado "não é mais do que isso, que o soberano tome conhecimento de sua habilidade e merecimento, e o instale em um emprego" (Hobbes, 1969a, 27.3, p.170): certamente um conjunto ferino de reflexões para ser lido pelos que, como Hyde ou Falkland, aspiravam se tornar conselheiros.

Desmascarada a vaidade desses pretensiosos e mistificadores *liberi homines*, Hobbes está pronto para sua conclusão a eles mortal e arrasadora:

> Por conseguinte, a liberdade equivale nas repúblicas simplesmente à honra de ser tratado como igual aos demais súditos, sendo a servidão a situação do resto. Consequentemente, um homem livre pode esperar por empregos honoríficos mais do que um servo. E isso é tudo o que se pode compreender por liberdade do súdito. Pois, em todos os outros sentidos, liberdade é o estado de quem não é súdito. (Hobbes, 1969a, 23.9, p.134)

Aqui Hobbes, mais uma vez, toma suas distâncias com relação à defesa jurídica da monarquia absolutista popularizada por Bodin e seus seguidores, para se alinhar estreitamente aos mais intransigentes proponentes do direito divino dos reis.[28]

A última palavra de Hobbes sobre esses *soi-disant* homens livres faz vibrar uma nota de hostilidade a que ele se permite, com frequência, quando fala da nobreza e da aristocracia.[29] Sob a monarquia absoluta, ele nota, há poucas posições abertas aos súditos para servir à República (e uma boa coisa também, como

---

[28] Sommerville (1996, p.254-5) destaca este ponto.
[29] Sobre a complexa atitude de Hobbes *vis-à-vis* a aristocracia, o clássico estudo permanece o de Thomas (1965).

ele sempre insinua). Resulta daí que muitos dos que alimentaram a expectativa de obter tal preferência tornam-se descontentes e "em agravo com o Estado", sofrendo "de um sentimento de privação em relação a esse poder, bem como em relação à honra e ao reconhecimento que acompanham esse poder, que pensam lhes ser devidos" (Hobbes, 1969a, 27.3, p.169-70). Pior ainda, sentem-se tratados como meros súditos, no mesmo plano de todos os outros, incluindo os seus próprios servos. E, Hobbes conclui brutalmente, "por isso se consideram tratados como escravos" (Hobbes, 1969a, 27.3, p.169). Toda essa sua conversa sobre escravidão e servidão nada mais é que *ressentiment* aristocrático.

4 – *DO CIDADÃO*: A LIBERDADE DEFINIDA

I

Quando, em maio de 1640, Hobbes fez circular *Os elementos da lei natural e política*,[1] escolheu proclamar suas lealdades absolutistas em um momento extremamente carregado da disputa entre a Coroa e o Parlamento. Depois dos tensos debates que cercaram a Petição de Direito em 1628, e após breve e caótica sessão parlamentar do ano seguinte, Carlos I e seus ministros resolveram impor um sistema de governo pessoal. Conseguiram manter essa política por aproximadamente onze anos, mas no outono de 1639 as dificuldades financeiras da Coroa eram tão agudas que um novo Parlamento teve de ser convocado. Enquanto isso, os esforços do governo para se arranjar sem subsídios parlamentares haviam gerado usos ainda mais controversos da prerrogativa real, a mais odiosa das quais tinha sido a transformação do *ship money*, pago pelos portos marítimos, em um imposto geral nos últimos anos da década de 1630. Em consequência, o assim chamado Parlamento Curto, que se reuniu finalmente em abril de 1640, retomou com mais urgência ainda a discussão sobre a subversão da liberdade implícita nas políticas do governo. Um orador depois de outro

---

[1] A Epístola Dedicatória assinala "9 de maio de 1640". Veja-se Hobbes, 1969a, p.xvi. Sobre a circulação do manuscrito, cf. Hobbes (1840b, p.414).

denunciou o uso da prerrogativa "para esvaziar as leis do reino", para "impedir a liberdade do súdito, contrariando a Petição de Direito" e por introduzir uma condição de servidão geral (Cope; Coates, 1977, p.136-7, 140, 142-3).

Hobbes havia esperado fazer pessoalmente o comentário dessas críticas, pois seu nome fora ventilado pelo Conde de Denvonshire, bem no início da década de 1640, como possível membro do Parlamento pela circunscrição de Derby (Warrender, 1983, p.4; cf. Skinner, 1996, p.227-8). Contudo, talvez tenha sido bom o fato de sua candidatura não vingar, e, assim, ele não ter podido asseverar aos Comuns – como fizera em *Os elementos* – que suas queixas eram pouco mais do que a expressão de despeito aristocrático. Eles não tinham senso de humor para ouvir suas queixas descartadas com tamanha condescendência. Quando o governo fracassou em acalmar suas ansiedades, eles, por sua vez, recusaram os subsídios que lhes eram pedidos; e quando, em novembro de 1640, um novo Parlamento teve de ser convocado, imediatamente se voltou à discussão sobre o que sentiam ser a subversão de sua liberdade. Mal havia terminado a cerimônia de abertura quando John Pym se levantou e passou a atacar "a injustiça imensa e sem precedente do *ship-money*" e a imposição arbitrária dessa tributação sobre o povo (Cobbet; Hansard, 1807, p.641). Ele foi seguido por toda uma série de oradores que, de várias maneiras, lembraram à Câmara que, como Edward Bagshaw o expressou, eles eram *liberi homines* que não deviam ser tratados como *villani* (Cobbet; Hansard, 1807, p.649). Sir John Holland falou das "últimas inundações da prerrogativa real, que se sucederam e quase fizeram submergir nossas liberdades" (Cobbet; Hansard, 1807, p.648). Sir John Culpepper advertiu que se o rei pode "tributar quanto e quando lhe apraz, devemos o que nos resta à benevolência do rei, não à lei" (Cobbet; Hansard, 1807, p.655). Lord Digby concluiu dramaticamente que "nossas liberdades, o espírito e a essência mesma de nosso bem-estar, que nos distingue dos escravos, e nos fazem ingleses, são arrancadas" (Cobbet; Hansard, 1807, p.664).

Esse também foi o momento escolhido por Henry Parker, o mais formidável proponente da causa parlamentar, para avançar ainda mais com seu panfleto intitulado *The Case of Shipmony* [O caso da tributação sobre barco], que publicou no início de novembro de 1640 para que coincidisse com a abertura do

Parlamento Longo.[2] Como Culpepper, Parker objeta que a imposição do *ship-money* pressupõe que "a mera vontade do Príncipe é lei", e que "ele pode sobrecarregar o reino à sua vontade, mesmo contra o assentimento deste" (Parker, 1640, p.5, 17). O rei, ao reivindicar esse poder, questiona Parker, torna seus súditos dependentes de sua vontade, e isso os reduz a uma condição de sujeição e servidão. Hobbes havia argumentado, em *Os elementos*, que possuir o poder soberano significa "nada mais do que deter seu uso, o qual depende unicamente do julgamento e da discrição de quem o possui" (Hobbes, 1969a, 20.9, p.112). Parker contesta que, deixando-se "unicamente ao julgamento indiscutível" do rei "impor sobrecargas com a frequência e o peso que lhe apraz", isso nos tornará "os mais abjetos escravos de todo o mundo" (Parker, 1640, p.21). Se a Coroa "não conhece outros limites que a sua própria vontade", então "essa invenção do *ship-money* nos deixa tão servis quanto os turcos" (Parker, 1640, p.22).

Hobbes havia admitido que essa forma de servidão é efetivamente inerente à condição de súditos, argumentando ao mesmo tempo que somos obrigados a consentir à perda dessa liberdade popular se queremos viver em paz. Parker redireciona em seu benefício o argumento. O que torna tal poder absoluto intolerável, ele protesta, é ser "incompatível com a liberdade popular" (Parker,1640, p.2; cf. p.8, 28). Onde quer que encontremos "todas as leis sujeitas à mera discrição dos reis", lá "toda a liberdade é abolida". Um resultado como esse não é melhor do que uma "prática fraudulenta tramada contra o Estado", esquecendo com isso que o povo da Inglaterra é um povo livre cuja propriedade deve ser respeitada e cujas cartas de liberdade devem ser preservadas (Parker, 1640, p.4, 21, 24, 27, 39-40).

Enquanto Sir Thomas Hedley, uma geração antes, havia apenas deplorado as implicações subjugadoras da política da Coroa (Foster, 1966, v.2, p.191-5), Parker toca uma nota muito mais ameaçadora. Não podemos esperar de um povo nascido livre que permita a seus governantes "pisotear a liberdade das pessoas" e "abolir toda liberdade e propriedade dos bens" (Parker, 1640, p.7, 40). Essas políticas

---

[2] Para uma análise completa, cf. Mendle (1995, p.32-50).

suscitam a desafeição do povo e "afastam os corações" tanto quanto "debilitam as mãos e exaurem as bolsas dos seus súditos" (Parker, 1640, p.28, 39). Parker termina emitindo certo número de mal veladas ameaças. "Aqueles reis", ele adverte, "que têm sido os mais ávidos de poder imoderado sem limites" encontraram geralmente "um fim miserável e violento" (Parker, 1640, p.44). É quase certo, por exemplo, que a opressão e a perda de liberdade, correntemente sofrida pelo povo francês, vão provocar o retorno da guerra civil (Parker, 1640, p.44, 46). A lição para a monarquia inglesa não precisava ser decifrada.

Tão logo o Parlamento se reuniu, uma das maneiras pelas quais seus membros mostraram sua desafeição foi atacar vários teóricos do direito divino que tinham se manifestado em favor da política absolutista da Coroa. Roger Maynwaring era, de longe, o mais conhecido entre eles, e enquanto capelão de Carlos I publicara, em 1627, dois sermões sob o título *Religion and Alegiance* [Religião e obediência], nos quais justificara o direito de o rei impor o empréstimo forçado de 1626. Maynwaring fora submetido a processo de *impeachment* e aprisionado pelo Parlamento em junho de 1628, mas prontamente perdoado pelo rei que o gratificou com uma série de benefícios, acabando por se tornar bispo de St. Davis em 1636 (Sommerville, 1999, p.122-3). Agora as duas Câmaras se voltaram novamente contra ele. Sir Benjamin Rudyard, dirigindo-se aos Comuns, em abril de 1640, fez uma alusão velada àqueles partidários do rei "que lhe dizem que sua prerrogativa está acima de todas as leis e que seus súditos são escravos" (Cope; Coates, 1977, p.140, 142). Logo a seguir, os Lordes procuraram reabrir o processo contra Maynwaring (Cope; Coates, 1977, p.239), e as duas Câmaras o condenaram a título pessoal no curso da enumeração das "queixas contra os privilégios do Parlamento" por ele formuladas (Cope; Coates, 1977, p.245). John Pym, em seu discurso inaugural no Parlamento Longo, corrigiu Maynwaring por "atribuir autoridade divina e poder absoluto ao rei para fazer o que quisesse conosco" (Cobbet; Hansard, 1807, p.643), e Henry Parker denunciou de maneira similar em seu *Case of Shipmony* que "*Manwarring* não apenas nega o poder e a dignidade do Parlamento" como afirma que "os reis são ilimitados em autoridade" (Parker, 1640, p.33-4). No início de 1641, o Parlamento Longo resolveu preparar um Ato para anular o perdão concedido a Maynwaring, o que o fez prontamente procurar esconderijo e refúgio na Irlanda (Journals, 1642, p.91).

É bem possível que Hobbes tenha lido o *Case of Shipmony* de Parker assim que o livro foi publicado. Nos primeiros dias de novembro de 1640, quando o panfleto de Parker veio à luz, Hobbes acompanhava a família Cavendish em Londres, residindo na Devonshire House, para assistir à abertura do Parlamento Longo (Hobbes, 1994, v.1, p.114). Mas, tenha-o lido ou não, foi nesse momento que Hobbes tomou subitamente consciência do fato de que suas próprias ideias sobre a soberania absoluta poderiam colocá-lo em perigo grave. A fonte principal de sua ansiedade, como posteriormente explicou a John Aubrey, era seu reconhecimento de que "o bispo Maynwaring (de St. Davis) pregara *sua doutrina*, daí a razão, entre outras, de ele estar aprisionado na Torre" (Aubrey, 1898, v.1, p.334).

A comparação que Hobbes estabelecia entre Maynwaring e ele próprio pode à primeira vista parecer forçada. Em todas as versões de sua teoria política, Hobbes enfatiza que os súditos não têm outras obrigações que não as que se originam dos seus pactos, e, portanto, do seu próprio consentimento. Maynwaring, pelo contrário, defendia o poder da Coroa de agir sem o consentimento popular, argumentando que o rei tem um direito divino para governar de acordo com sua vontade, e que o povo tem um dever religioso de obedecer a qualquer que seja a ordem que ele possa lhe impor. Se voltarmos, contudo, à abertura do primeiro sermão de Maynwaring, uma das razões da ansiedade de Hobbes torna-se clara. Uma argumentação-chave em *Os elementos* havia sido que "a sujeição dos que instituem uma República não é menos absoluta do que a sujeição dos servidores" (Hobbes, 1969a, 23.9, p.134). Maynwaring começa enunciando precisamente a mesma doutrina. A relação entre súditos e soberanos, ele reconhece, não é diferente da "dependência necessária do Servo para com seu Senhor", isso resultado no fato de todos os monarcas não serem meramente reis, mas senhores sobre quem eles governam.[3]

---

[3] Maynwaring (1627, p.3-4). Sobre Maynwaring e Hobbes, cf. Metzger (1991, p.51-3).

Contemplando a ferocidade do ataque ao *ship-money*, é possível que Hobbes tenha se dado conta de que suas observações em *Os elementos* sobre o direito inquestionável dos soberanos de impor tributos aos seus súditos eram suscetíveis de causarem-lhe problemas ainda mais graves. No Capítulo 27 de *Os elementos*, referira-se explicitamente aos que, "quando lhes é ordenado contribuir pessoalmente ou com dinheiro para com o serviço público", respondem reivindicando que "eles dispõem de uma propriedade de sua pessoa ou de seu dinheiro distinta da que emana do domínio do poder soberano; e que, portanto, não estão obrigados a contribuir com seus bens e com suas pessoas, não mais do que a cada um parecerá ser justo" (Hobbes, 1969a, 27.4, p.171). Sua resposta fora tão intransigente quanto possível. Hobbes não só estigmatizou o argumento, considerando-o um erro óbvio, uma falha pura e simples em reconhecer "o caráter absoluto da soberania" (Hobbes, 1969a, 27.8, p.174), como chegou a ponto de descrevê-lo como sedicioso, deduzindo mesmo que os que propagam tais opiniões merecem a morte reservada aos traidores (Hobbes, 1969a, 27.1, p.168).

Parece que Hobbes, refletindo sobre o que lhe poderia acontecer se tais opiniões se tornassem públicas, deixou-se tomar pelo pânico. Como explicou logo depois em uma carta à Lord Scudamore,[4] a lição que extraiu das primeiras semanas de novembro de 1640 foi que qualquer um que sustentasse sua posição era suscetível de ser processado e condenado pelo novo Parlamento. Tendo chegado a esse entendimento, disse a Scudamore, viu-se "tomado violentamente" pela resolução de fugir do país, e três dias depois partiu precipitadamente para a França, deixando suas posses para serem enviadas mais tarde (Hobbes, 1994, v.1, p.114-5). Em Paris, estabeleceu moradia na casa de seu amigo Charles du Bosc e, dado o rumo dos acontecimentos, acabou por permanecer no estrangeiro pelos próximos onze anos.[5]

---

[4] Atherton (1999, p.52-3) observa que Hobbes conhecera Scudamore em Paris em meados da década de 1630, quando o último era embaixador na França.
[5] Sobre Hobbes e du Bosc, cf. Malcolm (1994, p.795-7).

II

Assim que Hobbes se instalou no exílio, impôs-se como uma primeira tarefa revisar *Os elementos* com vistas à sua publicação. Concentrando-se na segunda metade de seu manuscrito, procedeu à tradução para o latim e, simultaneamente, à revisão e ampliação. Parece ter completado esse trabalho em novembro de 1641,[6] e a obra que dele resultou foi impressa em Paris em abril de 1642. Lembrando sua ambição de escrever os elementos da filosofia em três partes – *Corpus, Homo, Civis* –, Hobbes deu ao seu livro o título algo incômodo de *Elementorum philosophie sectio tertia de cive*, assinalando assim seu lugar na sua planejada trilogia (Hobbes, 1642; cf. Hobbes 1983, op. p.xiv).[7] Foi somente quando, em 1647, ele a fez reimprimir, em edição revisada e ampliada, que encurtou o título para *Do cidadão*, com o qual a obra passou desde então a ser conhecida.

Hobbes fez algumas modificações na argumentação de *Os elementos*, e uma das mais importantes foi indubitavelmente a introdução de uma nova análise do conceito de liberdade. Esse desenvolvimento, contudo, não é aparente à primeira vista, pois os primeiros capítulos de *Do cidadão* começam com uma reformulação de seu caso anterior. É verdade que várias modificações e melhorias de pequeno alcance são introduzidas, mas também surpreende que, a despeito do fato (ou talvez por causa do fato) de escrever em latim, exiba um novo interesse em expor sua teoria em um estilo mais acessível, recorrendo particularmente a um grande número de adágios e de expressões popularizadas pelos autores de livros de emblemas. Contudo, se atentarmos desde o início para os primeiros oito capítulos de *Do cidadão*, vemo-nos confrontados com uma série de proposições sobre a liberdade de ação e a liberdade natural que nos são amplamente familiares pelas leituras das seções correspondentes de *Os elementos*.

---

[6] Cf. Hobbes (1983, p.76) para a Epístola Dedicatória, datada em 1 de novembro de 1641. Para as citações do *De cive*, preferi eu mesmo traduzi-las, mas para uma tradução moderna completa, cf. Hobbes (1998).
[7] Cf. Warrender (1983, p.40) para uma datação precisa da publicação.

Em *Do cidadão*, somos brindados em primeiro lugar com uma exposição semelhante, ainda que muito abreviada, sobre a liberdade e a deliberação, um tópico ao qual Hobbes volta no curso de seu exame dos contratos e pactos no Capítulo 2. Como já mencionado, é-nos dito que permanecemos livres enquanto deliberamos; que a vontade é o nome de nosso último ato de deliberação; e que a aquisição de uma vontade de agir ou de abstermo-nos de agir põe fim à nossa liberdade (Hobbes, 1983, 2.10 e 2.14, p.102-4). Aqui não há nada de novo, exceto pelo fato de que em um detalhe importante Hobbes alterou a formulação de seu caso. Em *Os elementos*, ele havia argumentado que a raiz de "deliberar" é *deliberare*, "o abrir mão de nossa liberdade" (Hobbes, 1969a, 12.1, p.61). Contudo, de acordo com uma acepção mais corrente, a raiz é *librare*, "pesar na balança". Encontramos essa etimologia em numerosos livros de emblema, nos quais o ato de escolher é simbolizado com muita frequência por uma *libra*, uma balança com dois pratos. Já havíamos visto essa imagem em *Emblematum liber* de Boissard, de 1593, e deparamo-nos com uma série ainda mais complexa de calembures visuais sobre *liber* e *libra* em *Thesaurus* de Meisner de 1623 – um outro trabalho que pode ter estado disponível a Hobbes na biblioteca Hardwick (figura 8) (Meisner, 1623, imagem 13).[8] É surpreendente que, na análise da deliberação em *Do cidadão*, Hobbes esteja alinhado agora com essa concepção mais popular sobre o que significa engajar-se em um ato de escolha, declarando explicitamente que "deliberar é uma questão de pesar alguma coisa na balança".[9]

---

[8] Aqui o jogo de palavras se multiplica, pois o que vemos é um homem livre (*liber*) buscando "pesar" (*librare*) as respectivas vantagens e desvantagens de uma vida em família com filhos (*liberi*) e de uma vida consagrada aos livros (*libri*). Sobre a possível disposição desta obra na biblioteca de Hardwick, cf. o capítulo 1, nota 41, acima.
[9] Hobbes (1983, 13.16, p.204): "deliberatio [...] est [...] tanquam in bilance ponderatio".

LIBER, LIBRA, LIBERI ET LIBER.

8. Meisner, Daniel (1623). *Thesaurus philo-politicus*, Frankfurt, imagem 13.

As primeiras seções de *Do cidadão* oferecem igualmente uma exposição familiar daquilo que Hobbes no Capítulo 7 descreve como *libertas naturalis*, a liberdade característica do estado de natureza (cf. Hobbes, 1983, 7.18, p.159; cf. 8.2, p.160). A liberdade de que gozamos "antes de reunirmo-nos em sociedade"[10] é uma vez mais definida como "aquela liberdade que todos possuem de usar suas faculdades naturais" para perseguir seus próprios fins.[11] Hobbes começa argumentando que o exercício dessa liberdade é uma tendência natural. "Cada indivíduo é impelido por uma necessidade natural particular, não menor do que uma pedra quando em ladeira abaixo, a agir procurando o que lhe parece ser Bom, e fugindo do que lhe parece ser mau, e acima de tudo fugindo da morte, que é o maior de todos os males naturais".[12] Contudo, como em *Os elementos*, o argumento básico de Hobbes é que o exercício

---

[10] Cf. Hobbes (1983, 1.12, p.96) sobre o nosso "status [...] antequam in societatem coiretur".
[11] Hobbes (1983, 1.7, p.94): "libertas quam quisque habet facultatibus naturalibus [...] utendi".
[12] Hobbes (1983, 1.7, p.94): "Fertur enim unusquisque ad appetitionem eius quod sibi Bonum, & ad Fugam eius quod sibi malum est, maxime autem maximi malorum naturalium, quae est mors; idque necessitate quadam naturae, non minore quam qua fertur lapis deorsum".

dessa liberdade constitui um direito natural. De novo, ele chega a essa conclusão torcendo engenhosamente a doutrina escolástica no sentido de que agir livremente é sempre uma questão de agir de acordo com a razão justa. "Todos estão de acordo", começa afirmando, "que nada que é feito contrariamente à razão justa é feito justamente e de *Direito*.[13] Mas é claro que "nem é repreensível nem contrário à razão justa alguém fazer todo o possível para defender seu próprio corpo e membros da dor e da morte".[14] A liberdade de exercer nossos poderes à vontade deve ser, portanto, um direito natural, e Hobbes vai tão longe a ponto de concluir que "a palavra Direito não tem outro significado além do da liberdade por todos possuída de usar suas faculdades de acordo com a razão justa".[15]

Como em *Os elementos*, Hobbes sustenta também que, se insistirmos em nos agarrar a essa liberdade natural, acabaremos por nos encontrar vivendo em um estado de guerra, vale dizer em uma *bellum omnium in omnes*, uma guerra de todos contra todos.[16] O motivo é que não temos apenas um direito igual a todas as coisas, como tendemos também a desejar as mesmas coisas, muitas das quais não podemos ter a esperança de partilhar, e estamos assim destinados a competir uns com os outros por esses recursos escassos em condições de igualdade (Hobbes, 1983, 1.3, p.93; 1.6, p.94). Hobbes descarta com desprezo a suposição em contrário de Aristóteles, segundo a qual "o homem é um animal nascido apto à Sociedade".[17] Não há possibilidade alguma, replica, de que indivíduos que compõem uma multidão e que vivem em um estado de

---

[13] Hobbes (1983, 1.7, p.94): "Quod autem contra rectam rationem non est, id iuste, & Iure factum omnes dicunt".
[14] Hobbes (1983, 1.7, p.94): "neque reprehendendum, neque contra rectam rationem est, si quis omnem operam det, ut a morte & doloribus proprium corpus & membra defendat".
[15] Hobbes (1983, 1.7, p.94): "Neque enim Iuris nomine aliud significatur, quam libertas quam quisque habet facultatibus naturalibus secundum rectam rationem utendi".
[16] Hobbes (1983, 1.12, p.96) sobre a frase "bellum omnium in omnes". Esta afirmação foi o bastante para que o *De cive* fosse incluído em 1649 no Índex dos livros proibidos. Fattori (2007) reproduz os documentos em questão, a começar pela objeção (p.96) de que a afirmação "quod hominum conditio in statu naturae sit satatus belli" é "monstrosa dicta".
[17] Hobbes 1983, 1.2, p.90: "Hominem esse animal aptum natum ad Societatem".

pura natureza possam ser capazes de cooperar uns com os outros amistosamente e em paz.

O único acréscimo que Hobbes faz a essa parte de seu argumento é que tenta resumi-lo em um estilo mais acessível. Os escritores de livros de emblemas se compraziam em explicar a dificuldade de persuadir o povo a viver unido pacificamente como uma consequência do *tot sententiae*. Ou seja, argumentavam que sempre haverá um número tão grande de opiniões conflitantes quanto o de membros individuais da multidão embrutecida e acéfala. Encontramos esse *topos* ilustrado graficamente nos *Emblemas Morales* de Sebastián de Covarrubias, um dos livros de emblemas disponível para Hobbes na biblioteca Hardwick (Figura 9) (Covarrubias, 1610, p.74). Hobbes retoma agora o mesmo *topos* e o desenvolve em várias passagens de *Do cidadão*. Fala, no Capítulo 5, de como os homens "são tão insensatos em suas *sententiae* que sempre estarão mutuamente impedidos uns para com os outros", em vez de se assistirem,[18] e mais adiante cita o adágio *tot sententia* para explicar por que é indispensável à multidão ter uma vontade única para representá-la tanto como membros de uma Igreja quanto como súditos de um Estado.[19]

Na sequência, Hobbes passa a explicar em termos mais positivos por que é essencial que abandonemos nossa liberdade natural. Como anteriormente, assevera que esse é o único meio que temos para obter o que desejamos acima de tudo da vida. Em *Os elementos*, havia especificado esses desejos como um querer viver em segurança e gozar dos benefícios da paz sob a forma dos ornamentos e dos confortos da vida (Hobbes, 1969a, 14.12, p.73; 19.5, p.102; 24.1, p.137). Esses sentimentos são igualmente repetidos em *Do cidadão*, mas é surpreendente que Hobbes, uma vez mais, os exprima em um estilo mais claro e mais popular. Os escritores de livros de emblemas se compraziam em falar dos *pacis fructus*, os frutos da paz, mostrando-os caindo de uma cornucópia com a abundância que só a paz pode oferecer (Figura 10) (Haecht

---

[18] Hobbes (1983, 5.4, p.131): "propterea quod distracti sententiis impedimento invicem erunt".
[19] Hobbes (1983, 17.20, p.266): "tot sententiae [...] quot capita".

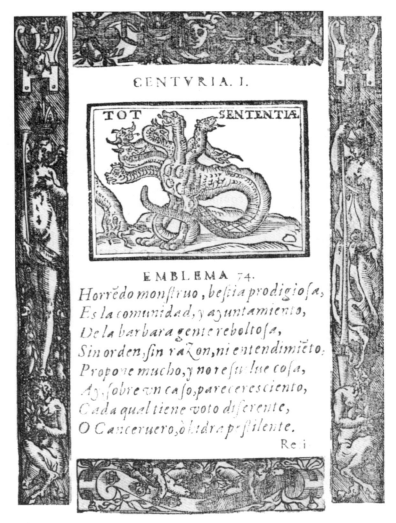

9. Covarrubias, Sebastián de (1610). *Emblemas morales*, Madrid, p.74.

PACIS FRVCTVS.

10. Haecht Goidtsenhoven, Laurens van (1610). *Microcosmos: parvus mundus*, Amsterdam, p.11.

Goidtsenhoven, 1610, p.11).[20] Hobbes retoma por sua vez à mesma imagem, estigmatizando a liberdade do estado de natureza como "infrutífera"[21] e enfatizando que "fora do Estado ninguém pode ter a certeza de gozar dos frutos de sua indústria",[22] ao passo que "no interior do Estado todos podem gozar em segurança dos frutos de seus direitos limitados".[23]

---

[20] Para mais exemplos, cf. Alciato (1550, p.192); Junius (1566, p.12); Holtzwart (1581, p.63); Ripa (1611, p.166).
[21] Cf. Hobbes (1983, 10.1, p.171), onde se lê que cada um no estado de natureza "dispõe de uma liberdade infrutuosa" ("has an unfruitful liberty"): "libertatem habet [...] infructuosam".
[22] Hobbes (1983, 10.1, p.171): "Extra civitatem, fructus ab industria nemini certus".
[23] Hobbes (1983, 10.1, p.171): "In civitate vero, unusquisque finito iure secure fruitur".

Houve quem alguma vez viveu em um estado de liberdade natural? Em *Os elementos*, Hobbes respondera que "nossos ancestrais, os antigos habitantes da Germânia e de outros países agora civilizados" tinham originariamente conhecido esse modo de vida (Hobbes, 1969a, 14.12, p.73). A discussão em *Do cidadão* segue basicamente a mesma linha de pensamento. Hobbes repete que "nos tempos antigos havia muitos povos, agora civis e florescentes, que eram pouco numerosos, ferozes e cuja vida era breve".[24] A isso acrescentando que "eram não só pobres e mutuamente hostis como careciam por completo do consolo e da beleza da vida que a *paz* e a sociedade são capazes de proporcionar.[25] A única diferença significativa entre as duas apresentações é que, em *Do cidadão*, Hobbes calça suas precedentes observações sobre a experiência das nações antigas com a afirmação específica de que "os povos da América nos provêm com um exemplo desse modo de vida até o tempo presente.[26]

Hobbes, contudo, faz um acréscimo notável a esse argumento, o qual, uma vez mais, reflete seu desejo evidente de expor sua teoria em um estilo mais acessível. Oferece-nos agora, sobre a página-título de *Do cidadão*, um retrato emblemático da condição natural, belicosa e sem lei, e consequentemente com uma representação do conceito de liberdade natural. Ainda mais surpreendentemente, inclui uma pintura quase idêntica na página-título da cópia manuscrita assinada de *Do cidadão* e apresentada ao Conde de Devonshire antes de publicá-lo.[27] O fato de a figura da *Libertas* já aparecer no manuscrito sugere fortemente que Hobbes deve ter pessoalmente aprovado a iconografia da página-título da versão impressa e até mesmo que deve ter participado de sua concepção.

---

[24] Hobbes (1983, 1.13, p.96): "saecula antiqua caeteras gentes, nunc quidem civiles florentesque, tunc vero paucos, feros, brevis aevi".
[25] Hobbes (1983, 1.13, p. 96): "pauperes, foedos [erunt], omni eo vitae solatio atque ornatu carentes, quem pax & societas ministrare solent".
[26] Hobbes (1983, 1.13, p.96): "Exemplum huius rei saeculum praesens Americanos exhibit".
[27] Hobbes MS A. 3. Para as reproduções, cf. Warrender (1983, página-título); Bredekamp (1999, p.159).

A versão publicada do frontispício, tal como gravada por Jean Matheus,[28] representa a *Libertas* como uma mulher carrancuda, em pé em um pedestal, com um arco na mão esquerda e uma flecha na mão direita (Figura 11). Atrás dela, três homens quase nus – dois dos quais armados de maneira similar – perseguem outros dois, que fogem para proteger a vida deles, enquanto uma última figura ameaça golpeá-los com um porrete. Somos praticamente levados a pensar que o que está sendo representado é o argumento central de Hobbes sobre a condição natural da humanidade: que, embora seja um estado de liberdade, é também um estado no qual, como agora o exprime, "qualquer um tem o direito de matar ou espoliar a quem quer que seja" e "somos protegidos unicamente por nossas próprias forças".[29]

Como acabamos de ver, Hobbes acrescenta que essa é a condição na qual os povos nativos da América continuam a viver, e sua representação da *Libertas* parece aludir especificamente ao seu estado presumivelmente primitivo.[30] Aqui, mais uma vez, Hobbes manifesta um conhecimento complexo das tradições visuais envolvidas. As imagens inglesas mais antigas dos americanos nativos foram produzidas por John White na década de 1580.[31] As aquarelas de White permaneceram sem publicação, mas foram copiadas e gravadas por Theodore de Bry, que as utilizou para ilustrar os *Briefe and True Report of the New Found Land of Virginia* [Relato breve e autêntico da terra recém-descoberta da Virgínia] de Thomas Hariot em 1590.[32] Uma das pinturas de White mostrava um chefe

---

[28] A página-título está assinada (sob o pedestal que serve de suporte à *Libertas*) "Math. f[ecit]". A referência nos remete a Jean Matheus, o gravurista que também foi o impressor do texto de Hobbes.

[29] Hobbes (1983, 10.1, p.171): "quilibet a quolibet iure spoliari & occidi potest[et] propriis tantum viribus protegimur".

[30] Sobre a hipótese de que a *Libertas* de Hobbes evoca as representações dos americanos nativos, cf. Corbett e Lightbown (1979, p.224-5); Tuck (1998, p.xxv e nota).

[31] Sobre White e de Bry, cf. Kupperman (1980, p.33-4); para a reprodução colorida da coleção completa das pinturas remanescentes de White, cf. Sloan (2007).

[32] Cf. Hariot (1590), no qual uma página-título extra após sig. D, 3^r nos informa que White havia realizado seus desenhos em 1585, a pedido de Raleigh, e que estes foram "gravados sobre o cobre e publicados pela primeira vez por Theodore de Bry".

11. Hobbes, Thomas (1642). *Elementorum philosophiae sectio tertia de cive*, Paris, frontispício.

dos algonquinos (Sloan, 2007, p.121),[33] da Carolina do Norte, uma imagem que De Bry completara acrescentando uma visão da parte de trás da mesma figura colocada em uma paisagem imaginária (Figura 12) (Hariot, 1590, lâmina 3). O frontispício de *Do cidadão*

---

[33] A região designada na década de 1580 sob o nome de "Virgínia" inclui o que hoje compreende a Carolina do Norte.

reproduz vários dos traços desse contexto, ao mesmo tempo que os transforma em alguma coisa muito mais sinistra. Se De Bry mostrara quatro figuras com arcos e flechas atirando em cervos, Hobbes, por sua vez, mostra a não menos letal perseguição de dois seres humanos, seus semelhantes. E, enquanto na gravura de De Bry vemos simplesmente, por trás dos cervos, uma terra com bosques, na versão de Hobbes podemos observar uma clareira na qual dois homens estão agachados ao lado de um cavalete sobre o qual uma coxa desmembrada parece estar suspensa.

12. Hariot, Thomas (1590). *A briefe and true report of the new found land of Virginia*, Frankfurt, Figura 3.

Se a composição geral de Hobbes parece dever muito a De Bry, outro protótipo para o seu retrato da *Libertas* pode ter sido o emblema intitulado *America* da *Iconologia* de Cesare Ripa (Figura 13) (Ripa, 1611, p.360).[34] A consagrada obra de Ripa fora originalmente publicada – embora sem imagens – em Roma no ano de 1593. A primeira edição ilustrada surgira dez anos depois, e essa versão foi reimpressa ampliada em 1611. A *Libertas* de Hobbes

---

[34] Devo esta referência a Kinch Hoekstra.

lembra a versão de 1611 de a *America* de Ripa em vários aspectos: ambas mostram um personagem parcialmente vestido; ambas mostram-no com um arco em sua mão esquerda e uma flecha na mão direita; e ambas transmitem essa implicação agourenta que, na condição da mera natureza, se é obrigado por si mesmo a prover os próprios meios de defesa.

13. Ripa, Cesare (1611). *Iconologia*, Padua, p.360.

Na parte restante da análise sobre a liberdade humana, nos primeiros capítulos de *Do cidadão*, Hobbes dedica-se a examinar como nossa liberdade natural pode ser perdida ou cedida. Aqui também ele reflete o argumento de *Os elementos*, começando por avaliar o ato de pactuar como um meio de limitar nossa liberdade de ação ao consentirmos em agir segundo as exigências de nossos pactos. Como antes, ele está interessado principalmente nos dois tipos diferentes de pacto que permitem estabelecer Estados. O primeiro, sobre o qual se detém nos Capítulos 6 e 7, é dito que envolve a criação de um governo *ex instituto*, por um ato de instituição

(Hobbes, 1983, 5.12, p.135). Os membros de uma multidão estabelecem um príncipe "por sua própria vontade",[35] restringindo-se uns aos outros por pactos mútuos (Hobbes, 1983, 8.1, p.160) e trocando desse modo a condição de liberdade natural por um estado de obrigação e, mais especificamente, de "sujeição ao poder civil" (Hobbes, 1983, 7.18, p.159). Da outra forma de convenção política, que Hobbes passa a examinar no Capítulo 8, é dito que se origina quando a soberania é *acquisita*, adquirida pelo exercício da força natural (Hobbes, 1983, 8.1, p.160). O soberano obtém seu poder como vencedor, exigindo dos vencidos a promessa de que, enquanto a vida deles for poupada, a ele renderão obediência absoluta (Hobbes, 1983, 8.1, p.160). Hobbes havia acrescentado em *Os elementos* que mesmo subjugar a uma única pessoa é suficiente para estabelecer um Estado, dando lugar a "um pequeno corpo político" consistindo de um senhor e de um servo. Essa sugestão é agora eliminada – talvez por parecer-lhe ligeiramente estranha –, mas Hobbes continua a aceitar que quem adquire domínio sobre uma família numerosa pode ser descrito com propriedade como reinando sobre "uma espécie de *pequeno reino*".[36]

O outro mecanismo pelo qual podemos perder nossa liberdade natural é a escravização. Hobbes, aqui também, segue largamente o argumento de *Os elementos*, exceto quando é obrigado a fazer algumas adaptações ao vocabulário no qual havia previamente formulado seu caso. Em *Os elementos* operara uma distinção entre os *servidores* que estabeleceram contrato para evitar a morte e os escravos que nada pactuaram (Hobbes, 1969a, 22.2-3, p.127-8). Escrevendo o *Do cidadão* em latim, não pode escapar de se referir aos primeiros como *servi*, vendo-se assim na necessidade de encontrar outro termo para descrever os servidores que são escravos, no sentido estrito de não estarem contemplados com sua liberdade de movimento. Propõe que sejam chamados de *ergastuli*, devido ao fato de "eles servirem nas prisões (*ergastula*), ou serem mantidos acorrentados".[37] Qualquer que seja o termo utilizado para

---

[35] Hobbes (1983, 6.1, p.136): "suo ipsorum arbitrio".
[36] Hobbes (1983, 8.1, p.160): "parvum quoddam regnum est".
[37] Hobbes (1983, 8.2, p.160-1): "serviunt quidem hi, sed intra ergastula, vel compedibus vincti".

descrevê-los, sua conclusão é a mesma de antes: eles carecem da liberdade natural de agir segundo sua vontade e poderes pela mais fundamental das razões, a saber, que foram despojados de praticamente toda a capacidade de agir.

Hobbes encerra sua discussão descartando, com muito mais brevidade e impaciência que em *Os elementos*, os dois principais argumentos avançados pelos teóricos constitucionais de seu tempo sobre a alegada compatibilidade da liberdade com a soberania. Como vimos, uma de suas afirmações era que, instituindo uma forma de governo misto, podemos esperar conservar nossa liberdade mesmo enquanto súditos de um poder soberano. Em *Os elementos*, Hobbes contentara-se em criticar a versão republicana desse argumento, e nada dissera sobre a teoria inglesa da monarquia mista. Em *Do cidadão*, ao contrário, apresenta-nos uma crítica global, incluindo uma discussão do modelo inglês no qual, como agora a exprime, "a nomeação dos magistrados, e as decisões em matéria de guerra e paz, pertencem ao *rei*, ao passo que os julgamentos concernem aos *lordes* e a arrecadação dos impostos aos *comuns*, e o poder de legislar é detido conjuntamente por todos eles".[38]

Voltando a essas teorias dos Estados "mistos", Hobbes começa por notar a crença largamente difundida segundo a qual, sob um poder soberano, a menos que este seja exercido de forma mista, "o resultado, dizem eles, é que todos os cidadãos serão escravos".[39] Agora ele rejeita todas as variantes dessa posição com desprezo igual. "Mesmo se fosse possível a um Estado tal existir", replica, "isso não seria minimamente vantajoso para a liberdade dos súditos."[40] A razão é que, "estando todos os elementos de acordo entre si, a sujeição de cada cidadão individualmente permanece tão grande quanto possível; e, se eles estão em desacordo, o Estado é desse modo reduzido à guerra civil e ao direito da *espada*

---

[38] Hobbes (1983, 7.4, p.152): "nominatio Magistratuum, & Arbitrium belli & pacis, penes Regem esset, iudicia apud magnates, pecuniarum contributio penes populum, & legum ferendarum potentia, penes omnes simul".
[39] Hobbes (1983, 7.4, p.151): "sequeretur, inquiunt, cives omnes esse servos".
[40] Hobbes (1983, 7.4, p.152): "Quod si fieri posset, ut huiusmodi status existeret, nihilo magis civium libertati consultum esset".

privada, que é pior do que qualquer que seja a forma de sujeição".[41] Como ele repetirá posteriormente no *Leviatã*, "um governo tal não é um governo, mas a divisão da República em três facções" (Hobbes, 1996, p.228), e *"um reino dividido dentro dele mesmo não pode subsistir"*.[42]

O outro argumento, relacionado a esse primeiro, que Hobbes havia confrontado em *Os elementos*, era que, sob um governo democrático, a liberdade não é confiscada. Então ele respondera em um tom notavelmente respeitoso, reconhecendo que "Aristóteles afirma muito bem" que "o fundamento ou a intenção de uma democracia é a liberdade" (Hobbes, 1969a, 27.3, p.170). Agora ele responde em um estilo radicalmente diferente. Os que acreditam que há maior liberdade nas democracias se iludem pelo fato de, sob tais sistemas de governo, o povo participar do governo e não estar submetido a mais ninguém. Mas argumentar que isso os deixa com mais liberdade é cometer o erro monumental "de dar o nome de liberdade ao que é de fato soberania".[43] Hobbes termina substituindo seu precedente elogio de Aristóteles por um escárnio. Quando Aristóteles declara que "em um Estado popular, a liberdade existe por suposição",[44] ele está simplesmente seguindo acriticamente o costume de seu tempo.[45]

III

A discussão sobre a liberdade construída nos capítulos iniciais de *Do cidadão* mantém-nos em um círculo argumentativo muito familiar. Apesar de Hobbes introduzir várias adições e refinamentos quanto à sua análise em *Os elementos*, a trajetória de pensamento permanece basicamente a mesma. Contudo, se voltarmos agora para o Capítulo 9 de *Do cidadão*, no qual retoma o

---

[41] Hobbes (1983, 7.4, p.152): "Quamdiu enim omnes consentiunt inter se, subiectio singulorum civium tanta est, ut maior esse non possit; sed si dissentiant, bellum civile reducitur,& ius Gladii privati, quod est omni subiectione peius".
[42] Hobbes (1996, p.127) faz alusão a Mateus 12.25.
[43] Hobbes (1983, 10.8, p.176): "libertatem pro imperio nominans".
[44] Hobbes (1983, 10.8, p.176): "in statu populari libertas est ex suppositione".
[45] Hobbes (1983, 10.8, p.176): "ipse quoque consuetudine temporis".

exame do significado de *libertas*, toparemos com um terreno completamente novo. Hobbes começa indicando que o que esteve ausente em sua discussão, e o que a seguir propõe fornecer, é uma abrangente definição do conceito geral de liberdade. Como sua análise subsequente deixa imediatamente claro, o que ele procura é uma definição suscetível de englobar não apenas a liberdade dos que deliberam, com base na liberdade característica do estado de natureza, mas ao mesmo tempo a liberdade dos corpos naturais tais como (para citar seu próprio exemplo) os volumes de água e sua capacidade de se mover sem impedimento.

Hobbes começa sua indagação perguntando como o conceito de liberdade tem sido em geral entendido. Talvez a definição mais amplamente citada – por exemplo, por *Sir* Robert Filmer[46] – tenha sido a que foi atribuída a Florentinus no começo do *Digesto*[47]: "liberdade é a faculdade natural de fazermos o que nos apraz". Hobbes começa invocando essa opinião familiar: "a liberdade é comumente tomada como o poder de fazer tudo segundo nosso próprio julgamento e impunidade".[48] Sua reação instantânea, contudo, é dispensar essa análise por completo. Sua fraqueza evidente é que ela não consegue contemplar a ideia da liberdade natural de movimento. Mas, de acordo com Hobbes, ela está longe de ser adequada até mesmo para dar conta da liberdade humana. "Não é possível", ele objeta, "compatibilizar essa definição com a vida em uma *civitas*, ou com a paz do gênero humano."[49] Pensar a liberdade como uma questão relacionada ao modo de escolher como agir é negligenciar ao fato de que não existe *civitas* sem soberania e com o consequente direito de limitar a liberdade de seus súditos.[50]

---

[46] Mais precisamente, Filmer (1991, p.275) parece traduzir a interpretação que o próprio Hobbes dera a uma proposição de Florentinus, cf. Hobbes (1983, 9.9, p.167).
[47] Digest (1985, 1.5, p.15): "libertas est naturalis facultas eius quod cuique facere libet".
[48] Hobbes (1983, 9.9, p.167): "vulgo omnia nostro arbitratu facere, atque id impune, libertas... iudicatur".
[49] Hobbes (1983, 9.9, p.167): "quod in civitate, & cum pace humani generis fieri non potest".
[50] Hobbes (1983, 9.9, p.167): "civitas sine imperio & iure coercendi nulla est".

Como, então, deveria ser compreendido o termo *libertas*? Hobbes responde sem outro preâmbulo e com uma concisão memorável: "LIBERDADE, como definição, nada mais é que *a ausência de impedimento ao movimento*".[51] A introdução dessa definição marca um momento que faz época, como o próprio Hobbes se dá ao trabalho de assinalar. "Não conheço escritor algum", declara, "que tenha explicado previamente o que se entende por *liberty* e o que se entende por *servitude*".[52] Com sua nova análise, ele não desafia somente a prevalecente compreensão jurídica de ambos os termos cruciais. Ele também nos lembra sua afirmação fundamental que "a única coisa verdadeira no mundo inteiro é o movimento", e, portanto, que o conceito de liberdade humana precisa ser tratado essencialmente como uma subespécie da ideia mais geral do movimento não entravado.[53]

Contudo, e como Hobbes está bem consciente, sua definição não é, em si mesma, muito iluminadora. Ser livre, ele nos tem dito até agora, é simplesmente não estar impedido. Mas, se devemos identificar exemplos específicos nos quais faz sentido dizer de um corpo de qualquer tipo que ele está de posse ou não de sua liberdade, o que precisamos acima de tudo saber é o que pode valer como um impedimento.

Hobbes dirige-se convenientemente a essa questão na mesma seção do Capítulo 9, oferecendo sua resposta em uma passagem de extraordinária densidade que não tem absolutamente contrapartida em *Os elementos*. Os impedimentos que tiram a liberdade, afirma ele agora, são de dois tipos distintos. Primeiro de tudo, alguns deles podem ser descritos como *externo* e *absoluto*.[54] Por "exteriores", Hobbes quer dizer que eles constituem obstruções ou obstáculos externos ao movimento corporal; por "absolutos", que têm o efeito de tornar fisicamente impossível a um corpo se mover em determinadas direções. Dos dois exemplos que acrescenta para esclarecer

---

[51] Hobbes (1983, 9.9, p.167): "LIBERTAS, ut eam definiamus, nihil aliud est quam absentia impedimentorum motus".
[52] Hobbes (1983, 9.9, p.167): "neque enim quod sciam, a quoquam scriptore explicatum est quid sit libertas, & quid servitus".
[53] Hobbes (1839b, p.lxxxix, linhas 111-2, 119): "toto res unica mundo/ Vera ... [est] motus".
[54] Hobbes (1983, 9.9, p.167) fala do "impedimenta externa & absoluta".

essas proposições, o primeiro é tomado da esfera do movimento corporal natural. Ele considera o caso de um volume de água e as circunstâncias nas quais faz sentido dizer que ela é ou não livre. "Quando a água é represada em um vaso" explica, "não está em liberdade, porque o vaso a impede de escoar, quebrado o vaso, ela é *libertada*".[55] A seguir, ele se volta para o mundo da liberdade humana, continuando a tratar as ações humanas essencialmente como movimentos físicos que podemos executar à vontade ou sermos impedidos de fazê-lo por obstáculos externos. Aqui seu exemplo principal é um viajante cuja liberdade de movimento é restringida pelo fato de "ele ser impedido, deste e daquele lado do caminho, por cercas vivas ou muros de pedras, de esmagar as vinhas e as semeaduras adjacentes à estrada".[56] As cercas vivas e os muros constituem um impedimento "absoluto" no sentido que o previnem de causar qualquer dano ao caminhar ladeando-as.

A outra categoria de impedimento que tira a liberdade chama-se *arbitraria*.[57] Falar de impedimentos "arbitrários", explica Hobbes, é falar "dos que não impedem absolutamente o movimento, mas o fazem *per accidens*, isto é, por nossa própria escolha".[58] Como ilustração preliminar, oferece-nos uma adaptação algo bizarra do exemplo aristotélico que discutira em *Os elementos*: o de um homem embarcado que lança seus bens ao mar. Ele considera agora o caso de "um homem embarcado que não é impedido de se atirar *ele próprio* ao mar se ele for capaz de desejá-lo".[59] Ou seja, é-nos pedido

---

[55] Hobbes (1983, 9.9, p.167): "ut aqua vase conclusa, ideo non est libera, quia vas impedimento est ne effluat, quae fracto vase liberatur".
[56] Hobbes (1983, 9.9, p.167): "sepibus & maceriis, ne vineas & segetes viae vicinas conterat, hinc & inde cohibetur".
[57] Hobbes (1983, 9.9, p.167): "alia [impedimenta] sunt arbitraria". O sentido dos obstáculos arbitrários permaneceu obscuro mesmo nos melhores comentários recentes. Cf., por exemplo, Petit (2005, p.137, 140), que toma a liberdade como ausência de impedimento exterior como o conceito central do *De cive*, bem como do *Leviatã*. Anteriormente, também me inclinava a esta interpretação (Skinner, 2006-7, p.64-5). Sou particularmente grato à ajuda de Kinch Hoekstra, que me levou a reavaliar o lugar dos impedimentos arbitrários na evolução da teoria hobbesiana da liberdade.
[58] Hobbes (1983, 9.9, p.167): "quae non absolute impediunt motum, sed per accidens, nimirum per electionem nostram".
[59] Hobbes (1983, 9.9, p.167): "qui in nave est, non ita impeditur quin se in mare praecipitare possit, si velle possit".

imaginar uma situação na qual não há barreira externa a embaraçar o homem de se atirar ele próprio ao mar se pode querer fazê-lo. Se, então, há qualquer impedimento para tanto, isso só pode provir, como Hobbes diz, do fato de ele não ser capaz de querê-lo. Em outras palavras, o impedimento deve ser "arbitrário": deve provir de seu próprio *arbitrium* como efeito de um processo de escolha.

Por que um homem poderia ser incapaz de querer se atirar ele próprio ao mar? Como vimos, a resposta inicial de Hobbes é que tal impedimento arbitrário age como obstrução *per accidens*. Não deixa de ser inesperado, para dizer o mínimo, descobrir Hobbes servindo-se da terminologia aristotélica, uma vez que isso exemplifica precisamente o tipo de jargão escolástico que ele em geral professa desprezar. Nem é fácil compreender o que ele tem em mente. Quando Francisco Suarez, a *bête noire* de Hobbes entre os escolásticos,[60] ilustrara a ideia de uma consequência produzindo-se *per accidens*, oferecendo o exemplo de um homem que, no ato de cavar a terra, lhe acontece de descobrir um tesouro enterrado (Suarez, 1994, 17.2. 4, p.13).[61] Isso sugere que uma consequência *per accidens* equivale a um resultado involuntário por parte do agente. Mas é difícil ver alguma analogia próxima com o homem que não pode querer se atirar ele próprio ao mar, a menos que Hobbes considere essa incapacidade como nada além de uma consequência involuntária e, portanto, *per accidens* por ele ter escolhido e desse modo querido agir de outra maneira. Contudo, é claro que Hobbes quer dizer alguma coisa a mais do que isso, pois argumenta que o homem na situação que está descrevendo não escolheu simplesmente fazer outra coisa que se atirar ele próprio ao mar; mas antes que ele foi ativamente impedido de se comportar dessa maneira particular. Mas, se é assim, então o que ainda precisamos alcançar, para compreender o conceito de um impedimento arbitrário, é o tipo de força capaz de nos impedir de querer executar uma ação que está em nosso poder.

A força em questão, parece nos dizer Hobbes, procede de nossas paixões, e acima de tudo da paixão do medo (Hobbes, 1983,

---

[60] Para referências depreciativas a Suarez, cf. Hobbes (1969b, p.17; 1996, p.59).
[61] A partir da *Metafísica* (1027a) de Aristóteles, Suarez elabora a discussão das causas e efeitos acidentais.

13.16, p.203-4). Essa resposta está talvez implícita no exemplo do homem no navio. A ação que ele é incapaz de querer é aquela cuja consequência provável precipitaria sua morte. Mas Hobbes havia já estabelecido que os homens temem a morte como o maior dos males, resultando que todo mundo é impelido "por uma necessidade natural particular" a fazer o que for necessário para preservar sua vida.[62] Para qualquer pessoa dotada dessa psicologia, sempre haverá um impedimento esmagadoramente poderoso para escolher e, em consequência, para agir de alguma maneira que, muito provavelmente, resulte na perda da vida.

Que Hobbes trata o medo como paradigma do impedimento arbitrário é explicitamente confirmado quando passa a examinar seus dois exemplos principais sobre como podemos ser embaraçados de querer agir. O primeiro é introduzido posteriormente na mesma seção do Capítulo 9, na passagem em que fala dos castigos que as repúblicas impõem para controlar seus súditos, e se pergunta até que ponto, e de que maneira, pode-se dizer que eles impedem-nos de perseguir nossos objetivos (Hobbes, 1983, 9.9, p.167). Essas questões levam-nos de volta à sua análise do *Imperium* no Capítulo 5, onde concluíra sombriamente que, "por procederem às ações dos homens de suas vontades, e por emanar a vontade da esperança e do medo, segue-se que, sempre que os homens veem que *um bem maior* ou que *um mal menor* resulta da violação das leis do que de sua observação, eles violam-nas propensamente".[63] Isso torna indispensável, acrescenta no capítulo seguinte, aos soberanos assegurar "que os castigos instituídos para cada infração particular das leis sejam tão grandes de maneira a tornar óbvio que um mal maior resultará de infringi-las do que de respeitá-las".[64] À condição de que o código criminal seja concebido dessa maneira, por efeito ele terá de garantir que, quando os súditos deliberam, eles devem ou não obedecer às leis, o terror que experimentam ao contemplar

---

[62] Cf. Hobbes (1983, 1.7, p.94) de como todos são movidos "necessitate quadam naturae".

[63] Hobbes (1983, 5.1, p.130): "actiones hominum a voluntate, voluntatem a spe & metu proficisci, adeo ut quoties Bonum maius, vel malum minus videtur a violatione legum sibi proventurum, quam ab observatione, volentes violant".

[64] Hobbes (1983, 6.4, p.138): "cum poenae tantae in singulas iniurias constituuntur, ut aperte maius malum sit fecisse, quam non fecisse".

as consequências de desobedecê-las determinará seus desejos de obediência. Nossos soberanos, Hobbes resume, sempre podem assegurar que "sejamos coagidos por nosso medo comum do castigo de maneira tal que sejamos proibidos pelo medo" de engajarmo-nos em atos de desafio ou resistência.[65] Em outras palavras, por causa do terror que sentimos, vemo-nos impedidos arbitrariamente de tal maneira que só somos livres para agir sob o comando das leis.

O outro exemplo de Hobbes é discutido no Capítulo 15, sobre "O reino de Deus por natureza". Somos igualmente impedidos de agir, sustenta agora, em desobediência para com Deus, e de uma maneira tal que nossa liberdade de resistir "é retirada".[66] Essa perda de liberdade não se deve ao que Hobbes descreve agora como "impedimentos corporais": ou seja, não há nada que nos impeça fisicamente de agir desobedientemente.[67] Ao contrário, encontramos que "nossa liberdade é tirada por esperança ou medo, como no caso de um homem mais fraco que se desespera de sua capacidade de resistir a um mais forte, de sorte que lhe é impossível não lhe render obediência".[68] Ou seja, o homem mais fraco obedece não tanto por seu medo das consequências de desobedecer quanto por seu desespero de conseguir.

Ambos os exemplos falam de alguma coisa exterior ao agente: as leis do soberano no primeiro caso, o poder de Deus no segundo. Mas em nenhum deles o objeto exterior constitui o tipo de impedimento que tira a liberdade. Como Hobbes diz, quando nossa liberdade de fazer ou de se abster é retirada por impedimentos arbitrários, ela é removida "por nossa própria escolha" de não querer agir de alguma maneira particular.[69] Em outras palavras, parece que falar de impedimentos arbitrários significa falar de forças emocionais tão poderosas que, toda vez que deliberamos sobre

---

[65] Hobbes (1983, 5.4, p.132): "communi aliquo metu coerceantur ... metu prohibeantur".
[66] Hobbes (1983, 15.7, p.223): "libertas [...] tollitur".
[67] Hobbes (1983, 15.7, p.223) diz como "libertas impedimentis corporeis tollitur".
[68] Hobbes (1983, 15.7, p.223): "[libertas] tollitur spe & metu; iuxta quam, infirmior potentiori cui resistere se posse desperat, non potest non obedire".
[69] Hobbes (1983, 9.9, p.167): "per electionem nostram".

se devemos ou não executar uma dada ação, elas sempre serão suficientes para prevenir-nos de querer e de agir exceto de determinadas maneiras.

IV

Com esse contraste entre impedimentos corporais e arbitrários, e com sua definição subjacente de liberdade como a ausência de quaisquer desses impedimentos, Hobbes introduz um conjunto de conceitos e de distinções completamente estranhas à sua discussão em *Os elementos*. O que o teria levado a desenvolver sua teoria da liberdade dessa maneira sistematicamente nova? Sugiro, a seguir, que uma parte da resposta se baseie nessa nova análise que lhe permitiu apresentar sua defesa da soberania absoluta em um estilo mais conciliador e menos inflamado. Sua consideração anterior sobre nossa submissão absoluta ao governo deixara-o sem espaço para falar de liberdade civil, um conceito que não aparece em nenhum momento em *Os elementos*. Contudo, com sua nova definição de liberdade ele está em condição de insistir que, mesmo depois de efetivarmos nosso ato de submissão, continuamos a desfrutar e um montante substancial daquilo que agora se sente autorizado a descrever como *libertas civilis*, ou liberdade civil.[70]

Para acompanhar como Hobbes desenvolve seu argumento, precisamos retornar ao Capítulo 9 de *Do cidadão*, no qual ele introduz pela primeira vez o conceito de *libertas civilis* e explica como deveria ser compreendido. De acordo com sua definição geral de liberdade, quando falamos sobre liberdade dos corpos quaisquer que sejam, incluindo os corpos humanos, estamos falando basicamente da liberdade de movimento. "Podemos dizer", ele explica, "que todo homem tem maior ou menor *liberdade*, conforme tenha mais ou menos espaço para si: como quem está em uma ampla prisão é mais livre do que em uma apertada."[71] Hobbes já havia

---

[70] Sobre a introdução do termo *libertas civilis*, cf. Hobbes (1983, 9.9, p.167).
[71] Hobbes (1983, 9.9, p.167): "Et est cuique libertas maior vel minor, prout plus vel minus spatii est in quo versatur; ut maiorem habeat libertatem qui in amplo carcere, quam qui in angusto custoditur".

se referido em *Os elementos* à presença incessante dessa forma de liberdade nas associações civis, mas nessa discussão tinha introduzido a ideia de maneira quase descontextualizada (Hobbes, 1969a, 28.4, p.180). Agora ele a coloca no centro mesmo de sua argumentação. Quando pergunta, em *De cive*, no que "consiste" a *libertas civilis*, sua primeira resposta é que, quando nos referimos "às diferentes maneiras em que um homem pode se automover", estamos já afirmando "quanto mais *liberdade* civil ele possui".[72] Ademais, isso significa já falar de um elemento substancial de liberdade, pois "nesse sentido, todos os *servidores* e *súditos* que não estão acorrentados nem encarcerados são *livres*.[73]

De acordo com o outro aspecto da definição geral de liberdade de Hobbes, as obstruções que retiram nossa liberdade podem ser tanto "arbitrárias" quanto corporais, "impedindo nosso movimento não em absoluto, mas antes por um efeito de nossa própria escolha".[74] Essa dimensão de sua definição é a seguir invocada para assinalar um outro elemento da *libertas civilis*, que, é dito, se origina do poder da necessidade natural de limitar os efeitos dos impedimentos arbitrários. Suponhamos que exista uma ação que seja indispensável a você efetivar "para poder preservar sua vida ou saúde".[75] Se essa é a sua deplorável situação, você não será impedido arbitrariamente por quaisquer dos medos relativos aos castigos nos quais você poderá incorrer por realizar a ação em questão, mesmo que esses castigos possam ser extremamente severos. Pelo contrário, compelido pela necessidade natural, você será levado a fazer tudo o que julgar necessário para assegurar a preservação de sua vida e saúde. Hobbes exprime a implicação crucial desse raciocínio nos termos mais enfáticos:

---

[72] Hobbes (1983, 9.9, p.167): "quo quis pluribus viis movere se potest, eo maiorem habet libertatem. Atque in hoc consistit libertas civilis".
[73] Hobbes (1983, 9.9, p.167): "quo sensu omnes servi & subditi liberi sunt, qui non sunt vincti, vel incarcerati".
[74] Hobbes (1983, 9.9, p.167): "quae non absolute impediunt motum, sed ... per electionem nostram".
[75] Hobbes (1983, 9.9, p.167) fala daqueles atos "quae ad vitam & sanitatem tuendam sunt necessaria".

Não há ninguém, quer se trate de um *súdito*, quer de um *filho* de família, quer de um *servidor*, que, tendo em vista os castigos estipulados por sua República, ou por seu *pai*, ou por seu *Senhor* – por mais severos que eles possam ser –, o incapacitem a fazer de tudo, e a canalizar todas as energias que lhe sejam necessárias para preservar sua vida e saúde.[76]

Essa passagem traz à lembrança a exceção ao nosso dever geral de obediência, que ele apresenta no Capítulo 17 de *Os elementos*. Aí, contudo, Hobbes apenas falara de nosso direito de defender nosso corpo e de ter acesso "a todas as coisas necessárias à vida" (Hobbes, 1969a, 17.2, p.88). Agora ele acrescenta que conservamos essa liberdade mesmo no seio das associações civis, e mesmo quando ações realizadas em seu nome possam acarretar penalidades legais. Isso consequentemente constitui outro aspecto da *libertas civilis*; e, ao descrevê-la como uma liberdade de fazer "todo o necessário" para manter nosso bem-estar, Hobbes dá muita ênfase à amplitude substancial implicada nessa liberdade.

Se, por fim, passarmos ao tratamento que Hobbes reserva no Capítulo 13 aos deveres que incumbem aos soberanos, nós o descobriremos falando de mais outro elemento da *libertas civilis*. Agora observe que a lei civil não se ocupa minimamente em regular o conjunto de nossos movimentos, do que se segue que, mesmo enquanto súditos de repúblicas, devemos conservar um grau proporcional de liberdade. Ele havia já notado em *Os elementos* que, nos primeiros tempos de seu reinado, os soberanos descobrirão ser impossível legislar sobre "todos os casos controversos que possam ocorrer" (Hobbes, 1969a, 29.10, p.189). Mas seu propósito àquela altura fora tranquilizar os príncipes de que podiam esperar aprender com o tempo que leis necessitavam ser impostas para dar conta de todas as eventualidades. Em contraste, quando nota de maneira semelhante em *Do cidadão* que nossas ações são por demais variadas para ser circunscritas por

---

[76] Hobbes (1983, 9.9, p.167): "nemo enim sive subditus sive filius familias sive servus, ita civitatis, vel patris vel Domini sui, utcunque severi, poenis propositis impeditur, quin omnia facere, & ad omnia se convertere possit, quae ad vitam & sanitatem tuendam sunt necessaria".

leis, seu propósito é tranquilizar os *súditos* de que, mesmo depois de submetidos ao governo, podem ainda ter esperança de gozar desse outro elemento de sua liberdade natural. E conclui, enfaticamente, "ser inevitável que haverá sempre um número *quase infinito* de ações que não são nem prescritas nem proibidas".[77] Como consequência, todos os súditos têm direito permanente de realizar um leque quase infinito de ações expressivas do que Hobbes agora se sente em condições de descrever como sua liberdade inofensiva.[78]

Resta ainda a Hobbes uma última e mais específica proposição a fazer sobre a compatibilidade entre a liberdade inofensiva e a sujeição a um governo absoluto. Ele a introduz no curso de uma passagem, no Capítulo 10, em que trata dos méritos da monarquia, da aristocracia e da democracia, respectivamente. "Há os que pensam", Hobbes começa, "que a *Monarquia* é mais desvantajosa do que a *Democracia*, por haver menos liberdade sob a *primeira* do que sob a *última*."[79] A isso objeta que precisamos distinguir entre duas maneiras diferentes pelas quais podemos alegar sermos livres sob um governo. Suponhamos que, quando esses autores falam de liberdade, "o que têm em mente é uma isenção da submissão às leis".[80] Se é isso o que querem dizer, então seu argumento não resiste, pois "nem sob a *Democracia* nem sob qualquer outra forma de República há o menor elemento que seja de tal *liberdade*".[81] Suponhamos, por outro lado, que tenham em mente a liberdade inofensiva que continuamos a gozar onde "há poucas leis e poucas coisas proibidas".[82] Se é isso o que querem dizer, então seu argumento igualmente não resiste. Porque está longe de ser óbvio, sugere Hobbes, "que há mais liberdade desse tipo sob uma

---

[77] Hobbes (1983, 13.15, p.202): "necesse est, ut infinita pene sint, quae neque iubentur neque prohibentur". Itálicos de nossa autoria.
[78] Hobbes (1983, 13.16, p.203) fala da "libertas innoxia".
[79] Hobbes (1983, 10.8, p.175-6): "Sunt qui ideo Monarchiam Democratia incommodiorem putent, quod illic minus libertatis sit quam hic".
[80] Hobbes (1983, 10.8, p.175): "intelligant exemptionem a subiectione [...] legibus".
[81] Hobbes (1983, 10.8, p.176): "neque in Democratia neque in alio statu civitatis quocunque, ulla omnino libertas est".
[82] Hobbes (1983, 10.8, p.176): "Si libertatem in eo sitam esse intelligant, ut paucae sint leges, pauca verita".

Democracia do que sob uma *Monarquia*, por ser esta última não menos compatível do que a primeira com tal liberdade.[83]

Com essa análise da liberdade civil, Hobbes altera nitidamente a direção e a ênfase de suas afirmações precedentes em *Os elementos* sobre a situação dos súditos. Resumindo suas concepções sobre a liberdade e a sujeição naquela primeira obra, ele insinuou uma nota deliberadamente sombria. Quando pactuamos para estabelecer um corpo político, a sujeição à qual nos entregamos "não é menos absoluta do que a sujeição dos servidores". Mas viver nessa condição significa perder nossa liberdade, pois "a liberdade é o estado de quem não é súdito" (Hobbes 1969a, 23.9, p.134). A conclusão que ele não hesitara em extrair é de que a condição dos súditos ordinários só pode ser descrita como uma condição de servidão (Hobbes, 1969a, 23.9, p.134).

Em contraste, a seção correspondente de *Do cidadão* adota um tom decididamente tranquilizador. É certamente verdade, admite Hobbes, que, enquanto súditos, não gozamos mais nossa liberdade natural de não sermos governados. Todos são agora "limitados por castigos previstos" e não estão mais "em condições de fazer o que quiserem".[84] Rejeitar essa limitação, entretanto, é demandar a liberdade do estado de natureza, e Hobbes insiste em que essa demanda é completamente autodestrutiva, dado que nossa vida em um tal estado não seria melhor do que uma guerra de todos contra todos.[85] Se é assim, então nossa perda da liberdade natural não pode ser, contudo, equiparada possivelmente ao princípio da servidão. Aqui, Hobbes rejeita explicitamente a linguagem de *Os elementos*, afirmando, ao contrário, que "qualquer um limitado por castigos previstos não é oprimido pela servidão, mas simplesmente governado e assistido".[86] Com essa

---

[83] Hobbes (1983, 10.8, p.176): "plus esse libertatis in Democratia quam in Monarchia, potest enim non minus haec quam illa cum tali libertate recte consistere".
[84] Hobbes (1983, 9.9, p.167-8): "cohibetur poenis propositis, ne omnia quae vult faciat".
[85] Cf. Hobbes (1983, 1. 1, p.96) sobre o estado de natureza como uma "bellum omnium in omnes"; Hobbes (1983, 10. 8, p.176) para a afirmação de que toda forma de sujeição civil é preferível a tal estado.
[86] Hobbes (1983, 9.9, p.167-8): "Qui enim ita cohibetur poenis propositis... non opprimitur servitute, sed regitur & sustentatur".

conclusão em mãos, ele se sente em posição de se permitir um resumo hiperbólico:

> Quanto a mim, portanto, não posso divisar que razão tenha um mero servo para se queixar, se tudo o que tem a lamentar é apenas a falta de liberdade – a menos que ele considere miséria o fato de ser impedido de fazer-se mal e de receber a vida (à qual perdera direito pela guerra, ou por infortúnio, ou por sua própria indolência), assim como recebe seu integral sustento e todas as coisas necessárias à conservação da saúde, tudo isso sob uma única condição, a de ser governado.[87]

Ao passo que em *Os elementos*, sua última palavra fora que os súditos são escassamente mais livres que os escravos, agora sua preferência é sublinhar que mesmo os escravos são escassamente menos livres que os súditos.

Essa inversão de ênfase permite a Hobbes colocar em cena um último golpe de efeito retórico. Os partidários das democracias e dos Estados livres sempre gostaram de insistir que estavam falando de regimes nos quais é possível viver como civis ou cidadãos, e, por conseguinte, como homens livres e não como escravos. Em *Os elementos*, Hobbes tentara encurtar a distância argumentando que mesmo nas democracias os cidadãos têm *status* de servidores e eventualmente de escravos. Devido a essa estratégia, ele fora obrigado a apresentar sua teoria de maneira a evitar qualquer menção aos cidadãos, um termo que não aparece em nenhum lugar em *Os elementos*. Em *Do cidadão*, pelo contrario, ele declara que mesmo os que vivem como súditos de soberanos absolutos estão tão autorizados a considerar a si mesmos como possuidores da *libertas civilis* quanto os que vivem em democracias ou Estados livres. Por conseguinte, ele não está em condições de, como seus adversários, apresentar seu argumento como uma teoria da cidadania; mas sente-se até mesmo autorizado a dar ao seu livro o título *Do cidadão*, "concernente ao cidadão".

---

[87] Hobbes (1983, 9.9, p.167): "Non igitur reperio quid sit de quo vel servus quisquam conqueri possit eo nomine quod libertate careat, nisi miseria sit, ita cohiberi ne ipse sibi noceat, & vitam, quam bello vel infortunio, vel demum inertia sua amiserat, una cum omnibus alimentis, & omnibus rebus ad vitam & sanitatem necessariis ea lege recipere ut regatur".

5 – *LEVIATÃ*:
A LIBERDADE REDEFINIDA

I

Depois da publicação de *Do cidadão*, na primavera de 1642, Hobbes retomou o trabalho sobre o primeiro volume de seu *The Elements of Philosophy* em três partes. Visando a mergulhar no estudo do mundo físico, começou por escrever um comentário crítico sobre *De mundo* de Thomas White (Hobbes, 1973).[1] "O muito erudito Mr. White", como Hobbes o chamava (Hobbes, 1840a, p.236), era um padre católico inglês e um seu companheiro de exílio bem conhecido,[2] e cujo *De mundo* foi publicado em Paris, em setembro de 1642 (Southgate, 1993, p.7). Hobbes redigiu sua crítica no inverno de 1642-3 (Jacquot; Jones, 1973, p.43-5), produzindo um manuscrito de amplo fôlego que examinava tópicos tais como o lugar, a causa, o movimento, a criação e o comportamento dos corpos celestes. Em vários pontos da discussão, ele se vale de sua nova compreensão da liberdade, especialmente ao criticar os pontos de vista de White sobre a causalidade e a liberdade da vontade. Voltando-se, no Capítulo 37, especificamente à consideração das relações entre liberdade e providência, Hobbes afirma:

---

[1] Para o manuscrito, cf. BN Fonds Latin (Fundos Latinos da Biblioteca Nacional Francesa) MS 6566A.
[2] Sobre White e Hobbes, cf. Southgate (1993, p.7-8, 28-9).

Para abordar a questão do livre-arbítrio, precisamos primeiro compreender que a liberdade consiste em movimento, e que qualquer coisa cujo movimento não está impedido é livre, de sorte que liberdade é ausência de impedimento ao movimento, e de qualquer coisa diz-se ser livre quando ela se move em uma direção particular, e quando seu movimento nessa direção não é impedido.[3]

A concepção segundo a qual a liberdade é simplesmente um predicado dos corpos passou a constituir posteriormente um elemento fundamental da teoria geral da matéria que Hobbes se esforçou em articular ao longo da década de 1640 e que acabou por publicar como *De corpore* em 1655 (Skinner, 2002a, v.3, p.15, 23).[4]

Não sem um uma insinuação de autorretidão, Hobbes informa-nos em sua autobiografia que, no ano fatídico de 1649, se sentiu no dever de interromper esses trabalhos. Ele lembra o choque que experimentou ao tomar conhecimento não apenas da derrota final e da execução de Carlos I, mas da vontade dos inimigos do rei de atribuir seus sucessos ao obrar da divina providência:

> Embora esse fosse o momento no qual resolvera escrever meu livro *De corpore*, cujos materiais haviam sido completamente lidos, vi-me forçado a adiá-lo porque não podia tolerar que tantos crimes atrozes fossem atribuídos às ordens de Deus, e decidi que minha mais alta prioridade era a de absolver as leis divinas.[5]

---

[3] Hobbes (1973, 37.3, p.403-4): "Ad quaestionem de libero arbitrio sciendum est primum libertatem consistere in motu,... est enim liberum id cuius non impeditur, & libertas, absentia impedimentorum motus, et liberum eousque, et ea via dicitur quousque, et qua via motus est non impeditur".

[4] Cf. Leijenhorst (2002, p.187-217) sobre os desenvolvimentos posteriores da teoria de Hobbes sobre os corpos e o movimento.

[5] Hobbes (1839b, p.xcii, linhas 187-91):

> Tunc ego decreram *De Corpore scribere* librum,
> Cuius materies tota parata fuit.
> Sed cogor differe; *pati tot tantaque foeda*
> *Apponi iussus crimina, nolo, Dei.*
> Divinas statuo quam primum absolvere leges.

O fruto dessa resolução, ele prossegue, foi a composição do *Leviatã*, "uma obra que combate agora por todos os reis e todos os que, sob não importa qual nome, detêm direitos régios".[6]

II

Quando, na introdução do *Leviatã*, Hobbes expõe a estrutura básica de sua argumentação, começa por estabelecer explicitamente uma distinção que estava subentendida em *Os elementos* e em *Do cidadão*. A distinção, tal como a estabelece agora, é entre dois mundos diferentes que habitamos simultaneamente, um dos quais é descrito como o mundo da natureza e o outro como o mundo do artifício.[7] O primeiro é feito de corpos em movimento, a vida mesma não sendo outra coisa mais que "um movimento dos membros" (Hobbes, 1996, p.9). Trata-se de um mundo governado pelas leis da natureza, mas carente de quaisquer leis humanas e, portanto, de justiça (Hobbes, 1996, p.90). O segundo mundo, ao contrário, está centrado em um corpo por nós mesmos criado a fim de regulamentar nossas relações uns com os outros. O nome desse "homem artificial" é República ou Estado, "no qual a *soberania* é uma *alma* artificial, ao passo que os magistrados são "*articulações* artificiais" e as leis "uma *razão* artificial e uma *vontade* artificial" (Hobbes, 1996, p.9). Esse corpo político é trazido à existência pela formação de pactos e de convenções, que tem por efeito unir seus elementos de uma maneira comparável ao "*Fiat*, ou ao *Façamos o homem*, pronunciado por Deus quando da criação" (Hobbes, 1996, p.9-10).

Onde se enquadra o conceito de liberdade nesse esquema? Ao levantarmos essa questão, vamos supor que estamos partindo do começo do *Leviatã* e examinando a lista dos seus conteúdos. Salta aos olhos que Hobbes aí concede um lugar muito mais proeminente

---

[6] Hobbes (1839b, p.xcii, linhas 200-2):

> Militat ille liber nunc regibus omnibus, et qui
> Nomine sub quovis regia iura tenent.

[7] Para discussões gerais a respeito desta distinção, cf. Rossini (1988); Ferrarin (2001, p.161-84).

ao conceito de liberdade do que em qualquer uma de suas obras políticas anteriores. Tanto em *Os elementos* quanto em *Do cidadão*, não há um capítulo consagrado especificamente ao tema, ao passo que o Capítulo 21 do *Leviatã* tem por título "Da liberdade dos súditos" (Hobbes, 1996, p.6). Além disso, se passarmos a essa seção do texto de Hobbes, vamos nos deparar com um dos mais notáveis desenvolvimentos de sua filosofia civil.[8] Se previamente definira a liberdade – primeiro em *Do cidadão* e a seguir em sua crítica ao texto de White – como a ausência de impedimentos ao movimento, agora a define como a ausência de impedimentos *externos* ao movimento. As palavras iniciais do Capítulo 21 rezam como segue:

> Liberdade significa, em sentido próprio, a ausência de oposição (entendendo por oposição os impedimentos externos ao movimento); e não se aplica menos às criaturas irracionais e inanimadas do que às racionais. Porque de tudo o que estiver amarrado ou envolvido de modo a não poder mover-se senão dentro de certo espaço, sendo esse espaço determinado pela oposição de algum corpo externo, dizemos que não tem liberdade de ir mais além. (Hobbes, 1996, p.145)

Hobbes acredita agora que, como já sugerira no Capítulo 14, sempre que falamos de liberdade "segundo a significação própria do termo", não podemos falar de outra coisa que não da "ausência de impedimentos externos" (Hobbes, 1996, p.91). "A liberdade no sentido próprio", ele confirma agora, é simplesmente a "liberdade corporal", a liberdade que os corpos têm de se mover sem obstáculo físico externo (Hobbes, 1996, p.147).

Com a introdução dessa nova definição, Hobbes não só altera como contradiz sua linha anterior de pensamento. Quando, em *Do cidadão*, definira o conceito de liberdade, havia argumentado que a liberdade humana pode ser tirada quer por impedimentos absolutos que nos impossibilitam exercer nosso poder à vontade, quer, também, por impedimentos arbitrários que inibem a própria vontade. Mas no *Leviatã* o conceito de um impedimento arbitrário é silenciosamente abandonado. Os únicos impedimentos que tiram

---

[8] Cf. esta discussão em Hood (1967), a quem devo muito.

a liberdade, é-nos dito agora, são os que têm o efeito de deixar um corpo fisicamente impotente (Hobbes, 1996, p.91). Como vimos, essas são justamente aquelas formas de oposição que deixam um corpo "tão ligado, ou circunscrito, sem poder mover-se", que os movimentos dos quais é naturalmente capaz estão completamente obstados.

Para Hobbes, essas considerações aplicam-se não menos às criaturas vivas que aos corpos inanimados tal como – no seu exemplo recorrente – um volume de água. Aqui o contraste com suas discussões anteriores dificilmente poderia ser mais saliente. Havendo eliminado o conceito de um impedimento arbitrário, ele assegura-nos agora que "a liberdade do homem" consiste de nada mais que sua descoberta de que não há "parada" que o previna de agir à vontade (Hobbes, 1996, p.146). A única forma de liberdade humana que "é propriamente chamada liberdade" consiste na ausência de tais impedimentos absolutos ao movimento (Hobbes, 1996, p.147). É por essa razão, para não falar de outras, que a asserção segundo a qual, no curso do desenvolvimento da teoria política de Hobbes, "não há alteração significativa no seu pensamento sobre a liberdade", não pode, possivelmente, ser sustentada (Pettit, 2005, p.150).

A nova definição de Hobbes não surge integralmente armada das páginas do *Leviatã*. Ele a anuncia originalmente em 1645, ano no qual produz sua primeira réplica a John Bramhall sobre a liberdade da vontade. Esse *round* inicial na longa contenda com Bramhall foi levado à cena por William Cavendish, o Conde de Newcastle, a quem já encontramos como um dos patrões de Hobbes no início dos anos 1630. Quando a guerra civil eclodiu, no outono de 1642, Newcastle foi nomeado por Carlos I comandante de seu exército no norte da Inglaterra, e elevado ao marquesado em 1643, em recompensa aos serviços ativos e munificentes em favor da causa monárquica. O desastre, no entanto, abateu-se sobre Newcastle ao confrontar-se com as forças parlamentares combinadas, na batalha de Marston Moor, em julho de 1644. Ele foi derrotado, sofreu perdas terríveis e foi forçado a fugir instantânea e ignominiosamente para os Países Baixos. De lá se dirigiu à corte da Rainha Henrietta Maria, no exílio em Paris, onde se envolveu nos círculos dos eruditos e renovou seus laços com Hobbes (Trease, 1979, p.134-5).

Segundo as *The Questions Concerning Liberty* [Questões concernentes à liberdade], foi pouco depois de sua chegada que Newcastle convidou Hobbes e Bramhall a debaterem em sua presença sobre a liberdade da vontade (Hobbes, 1841b, p.2; cf. 1840a, p.239). Hobbes, posteriormente, deixou por escrito sua versão do debate na forma de uma carta a Newcastle, que redigiu, ao que parece, no verão de 1645 (cf. Lessay, 1993, p.31-8).[9] Entretanto, essa carta foi muito mais que o registro de sua resposta, pois nas páginas finais Hobbes anuncia que um grande número de novos pensamentos tinha "vindo à minha mente relativamente a essa questão desde que os examinei pela última vez" no debate com Bramhall (Hobbes, 1840a, p.278). Esses pensamentos apareceram juntamente com sua nova compreensão da liberdade, que passou a enunciar pela primeira vez. "Concebo a liberdade", declara agora, "sendo corretamente definida da seguinte maneira: *liberdade é a ausência de quaisquer impedimentos a ação que não estão contidos na natureza e na qualidade intrínseca do agente envolvido*" (Hobbes, 1840a, p.273). Ao que acrescenta uma página ou duas depois que isso é o mesmo que dizer: "*liberdade é a ausência de impedimentos externos*", e não é eliminada por quaisquer limitações intrínsecas por parte do agente envolvido (Hobbes, 1840a, p.275-6).

Hobbes nunca pretendeu que sua carta à Newcastle fosse publicada, e suplicou especificamente a Newcastle para revelar suas conclusões "somente para o Senhor meu Bispo" (Hobbes, 1840a, p.278).[10] Mas, como posteriormente se queixou em *The Questions Concerning Liberty*, sua confidência foi traída.[11] Um francês conhecido seu que ouvira sobre a carta, mas não entendia inglês, pediu a Hobbes permissão para tê-la traduzida por um jovem inglês, o qual, como Hobbes observa, era "de suas relações" (Hobbes, 1841b, p.25). Esse jovem, a quem ele caracteriza como um escritor indiscreto, aproveitou-se da ocasião para fazer uma cópia para si próprio, e sem o conhecimento de Hobbes empreendeu

---

[9] Sobre o círculo de Newcastle em Paris, cf. Jacob e Raylor (1991, p.215-22).
[10] Sobre o significado do desejo de guardar segredo para Hobbes, cf. Hoekstra (2006a, p.52-4).
[11] Para os relatos do próprio Hobbes sobre o ocorrido, cf. Hobbes (1841b, p.25-6).

sua publicação. A carta apareceu em boa e devida forma sob o título pelo qual passou a ser conhecida desde então, *Of Liberty and Necessity* [Da liberdade e da necessidade]. O momento no qual Hobbes mudou de ideia sobre a definição de liberdade pode, portanto, ser datado com alguma precisão, dos meses que decorrem entre seu debate com Bramhall no verão de 1645 e sua carta a Newcastle, um pouco mais tarde no mesmo ano. Não obstante, o reaparecimento dessa nova definição no *Leviatã* reveste-se de grande significado histórico. Não foi antes de 1654 que o jovem inglês indiscreto (que era na verdade John Davies, o historiador da guerra civil) deu a público o *Of Liberty and Necessity* (Parkin, 2007, p.153-4), e àquela altura a nova concepção da liberdade e da ação livre de Hobbes estava publicada havia três anos. Embora sua carta a Newcastle anunciasse essa nova definição, foi no *Leviatã* que Hobbes deu-a a conhecer ao mundo.

III

O que teria instigado Hobbes a mudar de ideia acerca da definição de liberdade? Parece haver pelo menos duas respostas diferentes, na verdade duas maneiras diferentes de responder a essa questão. Antes de tudo, ao reelaborar sua definição de maneira a excluir os conceitos de impedimentos arbitrários ou intrínsecos, Hobbes conseguiu amarrar vários pontos deixados soltos em suas exposições precedentes.

Um dos problemas em *Os elementos* assim como em *Do cidadão* fora a ausência de uma perspectiva clara sobre a relação entre possuir a liberdade de agir e possuir o poder de executar a ação em causa. Foi somente depois de Hobbes ter chegado a essa distinção entre impedimentos externos e limitações intrínsecas que conseguiu formular uma distinção correspondentemente clara entre liberdade e poder.

A primeira tentativa de Hobbes para articular essa distinção pode ser encontrada em sua carta a Newcastle, aplicada inicialmente ao movimento dos corpos, valendo-se novamente do exemplo de um volume de água:

Diz-se que a água desce *livremente*, ou tem a *liberdade* de descer pelo leito do rio, por não haver impedimento nessa direção, mas não de lado, pelo impedimento das bordas. E, embora a água não possa subir, nunca se diz que ela carece da liberdade para subir, mas da *faculdade* ou do *poder*, por estar o impedimento na natureza da água e ser a ela intrínseco. (Hobbes, 1840a, p.273-4)

As mesmas considerações são a seguir aplicadas *pari passu* aos movimentos dos corpos humanos:

Assim, também dizemos que, quem está amarrado carece da liberdade de partir, por estar o impedimento fora dele, nos laços que o prendem; ao passo que não dizemos o mesmo de quem está doente ou paralítico, por estar o impedimento nele próprio. (Hobbes, 1840a, p.274)

Em outras palavras, enquanto os impedimentos intrínsecos tiram o poder, somente os impedimentos externos tiram a liberdade.

Hobbes fornece uma versão mais luminosa ainda de seu argumento no início do Capítulo 21 do *Leviatã*, no qual, pela primeira vez, o apresenta impresso:

E o mesmo se passa com todas as criaturas vivas, quando aprisionadas ou limitadas por paredes ou correntes; e também com a água, quando contida por diques ou recipientes, que de outro modo espalhar-se-ia por superfície maior, costumamos dizer que não têm a Liberdade de se mover da maneira que teriam não fossem aqueles impedimentos externos. Mas quando aquilo que impede o movimento está na constituição mesma da própria coisa, não costumamos dizer que não têm Liberdade, mas que lhe falta o Poder de se mover; como quando uma pedra permanece parada, ou quando um homem se encontra amarrado ao leito pela doença. (Hobbes 1996, p.145-6)

Aqui Hobbes invoca, para ao mesmo tempo repudiar, um *topos* escolástico padrão, segundo o qual (como Roderico de Arriaga o exprimira em suas *Disputationes*, de 1644), "de alguém impedido de andar por uma doença intrínseca e de alguém extrinsecamente retido por estar amarrado", pode-se dizer igualmente que "estão carecendo aqui e agora da liberdade de andar".[12] Ao contrário, replica Hobbes, os dois casos devem ser distinguidos categoricamente. Se você, na realização de uma ação que está em seu poder, for impedido extrinsecamente, então você está despojado de sua capacidade normal para agir, portanto, pode-se dizer que sua liberdade foi perdida. Mas, se a sua *performance* for impedida unicamente por uma fraqueza intrínseca à sua constituição, você carece não de liberdade mas de poder inerente. Você nem está livre para executar a ação nem não livre para executá-la; você é simplesmente incapaz, e a questão da liberdade não se coloca.[13]

Um segundo ponto não amarrado originara-se do equívoco aparente de Hobbes sobre a questão de saber se é preciso distinguir entre agir sob compulsão e agir voluntariamente. Embora ele tenha dado uma resposta afirmativa no Capítulo 22 de *Os elementos*, essa conclusão contradizia sua concepção geralmente antiaristotélica da ação voluntária, segundo a qual um homem que atira seus bens ao mar por medo de afogar-se não está agindo contra sua vontade. Essa tensão só fizera crescer pela introdução, em *Do cidadão*, do conceito do impedimento arbitrário. Como vimos, aí é dito que os impedimentos arbitrários tiram a liberdade de ação, e que o medo constitui um exemplo desse tipo de impedimento. A implicação é que o medo tira a liberdade, uma doutrina que Hobbes contradiz em outras passagens de *Do cidadão* como de *Os elementos*, especialmente ao considerar se as convenções extorquidas pelo medo são realizadas voluntariamente (Hobbes, 1969a, 15.13, p.79-80; 1983, 2.16, p.104).

Foi apenas com a introdução da distinção entre impedimentos externos e intrínsecos que esses problemas foram afinal resolvidos. A liberdade, diz-se agora, somente é tirada por impedimentos

---

[12] Arriaga (1643-55, v.3, 6.1, p.45 col. 2 à p.46, col 1): "quod quis morbo intrinseco impediatur ambulare, vel quod ab extrinseco detineatur ligatus, idem omnino est in ordine ad carendum hic & nunc libertate ad ambulandum". Devo esta referência a Annabel Brett.
[13] Gauthier (1969, p.62-6) examina a coerência desta posição; Kramer (2001) questiona a distinção entre liberdade e poder de agir.

externos, e o medo não é claramente um exemplo de impedimento externo. Pelo contrário, como Hobbes o define no Capítulo 6 do *Leviatã*, o medo é um dos "começos interiores" do movimento voluntário (Hobbes, 1996, p.37, 41). Como no caso precedente, essa solução aparece pela primeira vez na carta a Newcastle (Hobbes, 1840a, p.261, 265), e reaparece no Capítulo 21 do *Leviatã*. Retomando o exemplo de Aristóteles, Hobbes encerra o argumento com um dos seus gracejos mais sinistros. Declara, agora, que "quando um homem atira seus bens ao mar por *medo* de que o navio afunde", ele não apenas age voluntariamente, mas voluntariamente de maneira *absoluta* (Hobbes, 1996, p.146).

Quando dizemos que o homem age voluntariamente, isso é o mesmo que dizer que ele age livremente? No Capítulo 23 de *Os elementos*, Hobbes respondera pela negativa, distinguindo explicitamente entre agir livremente e agir sob compulsão ou sob constrangimento. Contudo, ele nunca explica essa distinção, e nesse caso nada faz para esclarecer ou ampliar seu argumento na carta a Newcastle nem mesmo no *Leviatã*.[14] Nesse último texto, o mais que se permite dizer – voltando ao exemplo do homem que atira seus bens ao mar – é que ele "pode se recusar a isso se o desejar", e que, "portanto, é a ação de alguém que era *livre*" (Hobbes, 1996, p.146). Contudo, essa maneira de expor a questão não deixa dúvida de que isso significa que o homem estava livre tanto para executar a ação quanto para se recusar a executá-la; sobre a questão de se a ação em si mesma foi executada livremente, ele permanece sem se pronunciar.

Se, contudo, passamos às *The Questions Concerning Liberty*, encontramos esse ponto finalmente amarrado.[15] Estimulado por Bramhall, Hobbes introduz agora – pela primeira vez – uma distinção sem ambiguidade entre os agentes, que podem ser ou não livres para agir, e as ações que podem ser ou não executadas

---

[14] Hobbes (1840b, p.273) fala neste ponto da água que cai "livremente" (*freely*). Aqui, a questão da relação com o fato de agir segundo sua própria vontade não está colocada, o que nos dispensa de tecer maiores comentários.
[15] No entanto, Hobbes (1973, 33.3, p.377) já parece sugerir que se pode dizer de um homem agindo sob coação que ele, apesar disso, age livremente (*libere*). Talvez seja surpreendente o fato de que esta fórmula não reapareça em sua carta a Newcastle.

livremente. Em se tratando dos agentes, sustenta, como antes, que estes são livres para agir enquanto não forem impedidos externamente (Hobbes, 1841b, p.61-2). Em se tratando das ações, indica agora que, se forem voluntariamente executadas, isso é o mesmo que dizer que elas foram livremente executadas, "pois livre e voluntário são a mesma coisa" (Hobbes, 1841b, p.226). Confrontado com a reação indignada de Bramhall, que lhe objeta que isso significa reduzir a ideia de agir livremente a nada mais do que agir à vontade, Hobbes responde alegremente: "considero realmente que todos os atos voluntários são livres e que todos os atos livres são voluntários" (Hobbes, 1841b, p.365).

Tendo conseguido clarificar sua posição, Hobbes finalmente trata de incorporá-la em sua teoria política na versão latina do *Leviatã*, que fez publicar em 1668.[16] Na versão inglesa de 1651, a passagem completa que estivemos analisando reza como segue:

> Quando alguém atira seus bens ao mar com *medo* de fazer afundar seu barco, e, apesar disso, o faz por vontade própria, podendo recusar fazê-lo se quiser, tratando-se, portanto, da ação de alguém que é livre. Assim também às vezes só se pagam as dívidas com *medo* de ser preso, o que, como ninguém impede a abstenção do ato, constitui o ato de uma pessoa em *liberdade*. E de maneira geral todos os atos praticados pelos homens no Estado, por medo da lei, são ações que seus autores têm a *liberdade* de não praticar. (Hobbes, 1996, p.146)

Na tradução de 1688, esse argumento é imediatamente simplificado e ao mesmo tempo reescrito de maneira a salientar a distinção que Hobbes até então não conseguira formular:

> Quando alguém, por medo do naufrágio, atira seus bens ao mar, o faz voluntariamente, e, se tivesse desejado, poderia evitar de fazê-lo.

---

[16] A versão latina do *Leviatã*, a qual apareceu pela primeira vez nas *Obras filosóficas* (*Opera philosophica*) de Hobbes em 1668, foi publicada em Amsterdã por Johan Blaeu; o mesmo editor lançou um volume separado do *Leviatã*, em 1670. Consultem-se MacDonald e Hargreaves (1952, p.34, 77-8); Skinner (2002a, v.3, p.29). Para a correspondência relativa à edição de 1668, cf. Hobbes (1994, v.2, p.693).

Portanto, o fez livremente. Assim, também, um homem que paga uma dívida por medo da prisão paga-a *livremente*.[17]

Aqui Hobbes articula explicitamente o pressuposto que Bramhall lhe havia arrancado doze anos antes: que as ideias de agir voluntariamente e de agir livremente são simplesmente dois nomes para a mesma coisa.

O mais importante de tudo é que a nova definição de Hobbes permitiu-lhe remover quaisquer suspeitas residuais de que as suas duas avaliações dos limites da liberdade não seriam compatíveis entre si. Por um lado, ele havia argumentado que permanecemos livres enquanto continuamos a deliberar; mas, por outro, também argumentara que permanecemos livres a menos que sejamos impedidos de executar uma ação dentro de nossos poderes. Qual é a relação, que supostamente existe, entre essas duas considerações? Hobbes argumenta constantemente que um homem que decide executar, depois de devida deliberação, uma ação específica põe fim à sua liberdade. Mas, ao mesmo tempo, permite-se agora acrescentar que, de um homem que executa uma ação dentro de seus poderes, ainda se pode dizer que é livre se, no momento em que decide agir, sua ação não for obstruída por qualquer impedimento externo. Embora ponha um fim à sua liberdade, ele o faz agindo livremente. As duas considerações reúnem-se finalmente.

IV

Concentrei-me até agora nas razões internas à teoria de Hobbes que o levaram a introduzir essa nova definição de liberdade no *Leviatã*. Mas ele também foi compelido por motivos externos para desejar redefinir o conceito de maneira a ampliar sua área de referência. Ao fazer essas mudanças, criou as condições para montar um poderoso ataque contra vários dos novos oponentes da soberania absoluta que haviam alcançado uma proeminência fatal na

---

[17] Hobbes (1841a, p.160): "quando aliquis metu naufragii bona sua in mare proiicit; nam libenter id facit, potuitque, si noluisset, non facere; *libere* ergo fecit. Sic ille qui metu carceris debitum solvit, *libere* solvit".

Inglaterra durante o período que se seguiu à publicação de *Do cidadão* em 1642.[18]

Hobbes não demorou a identificar esses novos adversários, e nas páginas finais do *Leviatã* dirige sua acusação sobre dois grupos correlatos. Um consiste no clero sedicioso, tanto o papista quanto o presbiteriano (Hobbes, 1996, p.476), cujas doutrinas civis e morais são agora estigmatizadas como não melhores que os encantamentos de espíritos impostores (Hobbes, 1996, p.491). Hobbes retomará seu ataque em tons ainda mais virulentos no *Behemoth*,[19] sua história das guerras civis, que esboçara em algum momento da década que se seguiu à restauração da monarquia em 1660.[20] "Os ministros presbiterianos", reconhece agora, "foram os mais diligentes pregadores da recente sedição" (Manuscrito de St. John, MS 13, p.43; cf. Hobbes, 1969b, p.47). Foram eles que conseguiram "fazer o povo acreditar que era oprimido pelo rei", e foram eles mais que quaisquer outros que convenceram o povo de que a rebelião estava justificada" (Manuscrito de St. John, MS 13, p.24, 53, 150; cf. Hobbes, 1969b, p.26, 57, 159).

O outro grupo de inimigos, visado ao final do *Leviatã*, é formado pelos que, é dito, envenenaram as fontes da doutrina civil e moral com o veneno dos autores políticos pagãos (Hobbes, 1996, p.491). Como Hobbes indica, sua alusão aqui é aos "autores democráticos", como gostava de chamá-los, que extraíam seus princípios

---

[18] Metzger (1991, p.13-53) e Sommerville (1996) demonstraram muito bem que a teoria política de Hobbes foi concebida em apoio a grupos e compromissos específicos na década de 1640. No entanto, eles têm pouco a dizer a respeito de sua teoria da liberdade, e o presente estudo pode ser lido como um complemento às suas análises.

[19] A edição brasileira foi publicada em 2001 sob o título de *Behemoth, ou o Longo Parlamento* pela UFMG (Belo Horizonte). A tradução é de Eunice Ostrensky.

[20] Não existe uma edição precisa do *Behemoth*, embora uma edição definitiva, preparada por Paul Seaward, esteja prestes a aparecer pela edição Clarendon das obras de Hobbes. Enquanto isso, optei por citar a partir da cópia manuscrita revisada pelo próprio Hobbes, a qual se encontra conservada no St. John College de Oxford como MS 13, ainda que tenha acrescentado referências de página à edição-padrão moderna (Hobbes, 1969b). O manuscrito de St. John está disposto em folhas e paginado, de modo que preferi seguir sua paginação ao oferecer referências. O manuscrito, redigido pelo último secretário de Hobbes, James Wheldon, traz correções e recortes das mãos de Hobbes. Sobre seu secretário Wheldon, cf. Skinner (2005a, p.156-7).

políticos (Hobbes, 1996, p.491) dos livros de "História e de Filosofia dos gregos e romanos antigos". Quando no Capítulo 29 do *Leviatã* discute "aquelas coisas que enfraquecem a República, ou que tendem à sua dissolução", ele lista o estudo e o ensino desses autores clássicos como "uma das causas mais frequentes" da "rebelião, particularmente contra a monarquia" (Hobbes, 1996, p.221, 225). As mesmas acusações são lançadas no *Behemoth*, em que os "senhores democratas" são denunciados ainda mais ruidosamente (Manuscrito de St. John, MS 13, p.24; cf. Hobbes, 1969b, p.26). Eles são agora condenados como "os maiores opositores dos interesses do rei" e como os fomentadores principais, juntamente com os pregadores presbiterianos, da recente traição e das guerras civis (Manuscrito de St. John, MS 13, p.26, 36; cf. Hobbes, 1969b, p.28, 39).

Aquilo que Hobbes detesta mais que tudo nos autores democráticos é que, com sua reverência descabida pela Antiguidade clássica, popularizaram várias crenças perigosamente errôneas sobre o conceito de liberdade. Eles se deixaram, diz ele, enganar por seus nomes ilusórios, e "pela leitura desses autores gregos e latinos" adquiriram o hábito de, "sob uma falsa aparência de liberdade", encorajar tumultos (Hobbes, 1996, p.149-50). O resultado foi "uma efusão tal de sangue; como, penso poder verdadeiramente dizer, nunca houve nada tão caramente pago, quanto essas partes do Ocidente pagaram pelo conhecimento da língua grega e latina" (Hobbes, 1996, p.150). As mesmas acusações são repetidas no *Behemoth*, onde Hobbes retorna à influência desastrosa exercida pelos "livros escritos por homens famosos das antigas repúblicas gregas e romanas" (Manuscrito de St. John, MS 13, p.3; cf. Hobbes, 1969b, p.3). "É possível a alguém ser um bom súdito da monarquia", pergunta-se, se segue princípios emprestados desses pretensos amigos da liberdade, "que falam raramente dos reis e como de lobos e de outras bestas vorazes?" (Manuscrito de St. John, MS 13, p.149; cf. Hobbes, 1969b, p.158).

De acordo com Hobbes, o erro específico sobre a liberdade, que tem causado todos os problemas, é a crença segundo a qual a liberdade consiste em se viver independentemente de um poder arbitrário, e, por conseguinte, que somente podemos esperar viver como homens livres sob Estados livres opostos às monarquias.

Como observa no Capítulo 21 do *Leviatã*, essa era originalmente a concepção dos antigos atenienses, aos quais se ensinara "que eram homens livres, e todos os que viviam sob uma monarquia eram escravos" (Hobbes, 1996, p.150). Posteriormente, a mesma doutrina tornou-se um artigo de fé entre os romanos, que eram igualmente "ensinados a odiar a monarquia" (Hobbes, 1996, p.150). Agora, assevera, ela se tornou a crença central de nossos mais recentes autores democráticos, que continuam a pregar "que os súditos de uma República popular gozam de liberdade; ao passo que em uma monarquia todos seriam escravos" (Hobbes, 1996, p.226). Uma vez mais, Hobbes retorna a essas acusações no *Behemoth*, onde as enche de termos ainda mais hostis. Não só renova sua denúncia dos textos clássicos nos quais o governo republicano é "celebrado pelo nome glorioso de liberdade, e a monarquia depreciada pelo de tirania" (Manuscrito de St. John, MS 13, p.3; cf. Hobbes, 1969b, p.3), como acrescenta explicitamente que "a maior parte da Câmara dos Comuns", quando a guerra civil inglesa eclodiu, era composta de leitores e de admiradores desses textos sediciosos (Manuscrito de St. John, MS 13, p.3; cf. Hobbes, 1969b, p.3).

Hobbes tinha indubitavelmente razão ao sublinhar que, na década seguinte à publicação de *Do cidadão*, esses argumentos tomaram uma proeminência sem paralelo no debate público inglês. A partir do momento em que a guerra civil eclodiu, os protagonistas do Parlamento não deixaram de enfatizar sobre a importância de viver como homens livres e não como vassalos ou escravos de reis absolutos. Escrevendo já em setembro de 1642, John Marsh lembrava seus leitores que na Inglaterra a liberdade dos súditos está "fundada sobre a *Magna Carta*", com sua justificação do status do *liber homo,* ou homem livre (Marsh, 1642, p.8, 33). O autor anônimo de *A Soveraigne Salve* [Um remédio soberano] insistiu por sua vez, poucos meses depois, sobre a importância de saber "como conduzir e governar homens livres", acrescentando que isso implica saber como governá-los de uma maneira tal que eles não "se tornem escravos pela prática e pelos vícios de outrem" (*Soveraigne Salve*, 1643, p.36). De modo semelhante, WiIliam Prynne enfatizava em seu *Soveraigne Power of Parliaments* [O poder soberano dos Parlamentos], em junho de 1643, que os ingleses são *homens livres*, que jamais iriam instituir voluntariamente um governo sob o qual eles "se tornariam, e à sua *Posteridade, escravos* absolutos e *vassalos* para sempre" (Prynne, 1643, Parte I, p.91).

Nenhum desses autores está já pronto para extrair a inferência explicitamente republicana de que, se quisermos escapar de tal servidão, temos que estar prontos para *estabelecer* um Estado livre. Contudo, depois da execução de Carlos I, começamos a encontrar precisamente esse argumento. A proposição de que temos pouca esperança de viver como homens livres sob uma monarquia está agressivamente expressa no *Ato* de março de 1649 abolindo a função de rei. A realeza é apresentada agora como perigosa à liberdade do povo, e nos é dito que "na maior parte o poder régio e a prerrogativa têm sido usados para oprimir, empobrecer e escravizar o súdito" (Gardiner, 1906, p.385). A afirmação positiva de que a liberdade está sempre mais assegurada sob as repúblicas é expressada com não menos proeminência na *Declaração* oficial de março de 1649, defendendo a decisão de estabelecer o governo "à maneira de um Estado livre" (*A Declaration*, 1649, página-título). Com o estabelecimento da República, nos é dito, "toda *Oposição* à *Paz* e à *Liberdade* da *Nação*" foi removida. A *Declaração* convida o povo a reconhecer quanto Veneza, Suíça "e outros Estados livres excedem os que não o são em *Riqueza, Liberdade, Paz* e *Felicidade* geral", e conclui que por isso será sempre preferível ao povo ter "uma *República*, e não ter mais um *Rei* para *tiranizá*-lo", organização esta que sempre tenderá "à sua *Escravização* e *Opressão*" enquanto súditos (*A Declaration*, 1649, p.5, 16, 20-1).

É verdade que, mesmo nesse estágio, os pronunciamentos oficiais do Parlamento Rump[21] ainda guardavam certa prudência. Não pretendiam que os reis inevitavelmente escravizassem seus súditos; asseveravam simplesmente que há uma tendência natural para que isso aconteça, e, por conseguinte será sempre mais seguro viver em uma República ou em um Estado livre. Contudo, isso não significa que os inimigos da monarquia inglesa não dispunham de argumentos mais fortes. Como vimos, a proposição de que a simples presença do poder arbitrário tem por efeito reduzir

---

[21] *Rump Parliament* (Rabo do Parlamento Longo), nome com o qual ficou conhecido o Parlamento Longo depois do expurgo sofrido em 1649, até ser dissolvido, em 1653.

os cidadãos a escravos, e, por conseguinte, que não podemos esperar viver como homens livres exceto em Estados livres fora um tema central não apenas das histórias de Tito Lívio e de Tácito mas também dos maiores tratados do Renascimento sobre o *vivere libero*, como os de Contarini e de Maquiavel. Outra afirmação, a esta associada, de que quanto mais você está vinculado aos reis, tanto mais você sofrerá uma servidão ignominiosa, possuía igualmente uma longa história na consciência popular. Andrea Alciato representara a ideia com notável franqueza em sua *Emblemata* de 1550 (Figura 14) (Alciato, 1550, p.94), depois do que a imagem fora frequentemente retomada.[22] O epigrama de Alciato acompanhando a representação trazia a advertência: "Diz-se da corte vangloriosa que, embora entretenha os clientes do palácio, os ata com grilhões de ouro".[23] Uma das ironias da vida sob a monarquia, nos é mostrado, é que a condição de servidão é mais perigosa e ingrata não para os servidores humildes, mas para os que vivem mais próximos aos assentos do poder.

Se nos voltarmos para os escritos dos propagandistas a soldo da República inglesa, descobriremos que se exprimem em termos ainda mais desinibidos. O mais importante desses autores foi incomparavelmente John Milton, que publicou seu *Tenure of Kings and Magistrates* [O mandato de reis e magistrados], uma defesa e justificação do direito do povo inglês de pôr seu rei à morte, apenas duas semanas depois da execução de Carlos I. Essa defesa do regicídio ajudou Milton a ganhar o posto de Secretário de Estado às línguas estrangeiras, para o qual foi designado pelo Conselho de Estado em março de 1649. Entre as tarefas que o Conselho lhe exigia que fizesse figurava uma refutação ao *Eikon Basilike*, o retrato, perigosamente popular, de Carlos I como mártir de sua casa, que fora publicado pouco depois de uma semana da morte do rei. Milton respondeu com seu *Eikonoklastes*, cuja primeira versão apareceu em outubro do mesmo ano. A preocupação principal de Milton é prover uma narrativa da conduta tirânica e opressora do rei antes e

---

[22] Por exemplo, Whitney (1586, p.202); Boissard (1593, p.89); Peacham (1612, p.206); La Perrière (1614, sig. E, 3ʳ).
[23] Alciato (1550, p.94): "Vana Palatinos quos ducat aula clients,/ Dicitur auratis nectere compedibus".

14. Alciato, Andrea (1550). *Emblemata*, Lyons, p.94

durante a guerra civil. Mas, quando isso o levou, no capítulo 11, ao exame da *Answer to the Nineteen Propositions* [Resposta às dezenove proposições, do rei ao Parlamento em 1642], Milton volta atrás para analisar as pretensões constitucionais do rei, e nesse ponto insiste sobre a impossibilidade de alguém viver como um homem livre sob qualquer forma de monarquia. Se, ele declara, somos obrigados a viver sob um rei cujas prerrogativas são tão extensas que não podemos ter muitas coisas "sem o dom e o favor de uma única pessoa", então não somos "nem República, nem livres"; não somos mais que "uma multidão de vassalos de posse e domínio de um senhor absoluto" (Milton, 1962, p.458). Em outras palavras, é impossível a alguém viver como um homem livre a não ser em um Estado livre.

Encontramos uma rejeição não menos inflexível da monarquia em outro apologista oficial do novo regime, o poeta John Hall, que recebeu do Conselho de Estado o encargo de "responder aos panfletos escritos contra a República" (Green, 1875, p.139).[24] Ele desincumbiu-se devidamente ao escrever *The Grounds & Reasons of Monarchy Considered* [Exame dos fundamentos e das razões da Monarquia], que publicou no fim de 1650. Viver sob um rei, declara em um tom quase miltoniano, é "ser contado como o rebanho e o herdeiro de Um" de quem somos "súditos em absoluto" (Hall, 1650, p.1-2; cf. Milton, 1991, p.32). Ainda que consigamos promover nossos interesses sob um tal regime, o resultado será "nada mais que uma escravidão mais esplêndida e perigosa" (Hall, 1650, p.1-2). Voltando-se para os seus adversários intelectuais, Hall distingue em particular ao *Do cidadão* de Hobbes como uma obra "erigida principalmente para asserção da monarquia" (Hall, 1650, p.50), mas recusa-se a se deixar impressionar por tais edifícios etéreos e fantásticos construídos para a defesa dos reis (Hall, 1650, p.52-3). "A monarquia", replica, é "verdadeiramente uma doença do governo", e só podemos esperar restituir ao povo "sua liberdade prístina, e à sua filha a felicidade" se a doença for erradicada (Hall, 1650, p.54-5). Não pode haver dúvida, de acordo com Hall, de que "viver sob uma monarquia é viver como um escravo".

---

[24] Sobre Hall como propagandista, cf. Smith (1994, p.187-90, 213-5).

Enquanto isso, o próprio Parlamento Rump anunciava explicitamente suas lealdades republicanas ao autorizar um novo Great Seal no primeiro mês de seu governo (Figura 15). O reverso exibe um mapa da Inglaterra e da Irlanda, enquanto o anverso proclama os valores da República em termos bombásticos. Desaparecidas estão a figura do rei e a Câmara dos Lordes; o que vemos é simplesmente a Câmara dos Comuns sentada com seu presidente enquanto representantes soberanos do povo. Ao redor da borda lemos: "1651 no terceiro ano da liberdade restaurada pela bênção de Deus".[25] Em outras palavras, unicamente com a remoção da monarquia pode a liberdade ser usufruída.

15. *Great Seal of the English Commonwealth*.

Uma tentativa foi feita recentemente para demonstrar que o "antirrepublicanismo não é um tema maior" no *Leviatã* (Collins, 2005, p.184). Como procurarei mostrar a seguir, esse julgamento é impossível de ser sustentado. Hobbes tem aguda consciência dos

---

[25] Para uma apresentação do selo, cf. Kelsey (1997, p.93-100). A razão para esta data tardia deveu-se à pouca resistência de uma versão anterior, feita por Thomas Simon em fevereiro de 1649, que teve de ser recolhida.

autores republicanos, e especialmente talvez de John Hall, cujo amigo John Davies noticiou que "a grande Inteligência de Malmesbury falou com alta estima dos talentos de Hall" (Davies, 1657, sig. A, 1ʳ). Um dos principais propósitos polêmicos de Hobbes na segunda parte do *Leviatã* é desafiar e desacreditar os argumentos que Hall e seus companheiros propagandistas haviam avançado e, acima de tudo, o argumento de que, como Hall o expressara: se sou obrigado a viver sob uma monarquia absoluta, então "minha liberdade natural mesma é retirada de mim" (Hall, 1650, p.16). O que precisa ser investigado é como Hobbes exatamente se confronta e tenta responder à argumentação republicana-chave de que não pode haver liberdade sem independência, e, por conseguinte, que não pode haver possibilidade de viver como um homem livre a não ser em um Estado livre.

V

Hobbes tem consciência de que precisa enfrentar os teóricos da liberdade republicana em seu próprio terreno. Como reconhece desde o início do capítulo 21 do *Leviatã*, a questão-chave é saber o que significa ser um HOMEM LIVRE (Hobbes, 1996, p.146). Ele havia claramente levantado essa questão antes: em *Os elementos* perguntara-se o que poderia significar qualificar-se a si mesmo, "ainda que em estado de sujeição, um HOMEM LIVRE" (Hobbes, 1969a, 23.9, p.134), e, igualmente, em *Do cidadão* havia considerado o que poderia significar para os súditos a reivindicação do *status* de *liberi*, depois de ter já nos informado em *Os elementos* que a palavra *liberi* "significa homens livres" (Hobbes, 1983, 9.9, p.168; cf. 1969a, 23.9, p.134). Ademais, como vimos, havia deixado claro em ambos os textos que ele repudiava completamente a concepção republicana do *liber homo*, ou homem livre, que denunciava como sendo nada mais que um abuso de linguagem autoenganadora. Aqueles que se consideram homens livres sob um governo, havia asseverado, não estão realmente falando de liberdade; estão expressando simplesmente um tipo de esperança social, enfatizando que eles não são servidores de nenhuma pessoa, e que isso de alguma maneira os qualifica a cargos honrosos na república.

Nesse estágio, não obstante a hostilidade profunda, Hobbes não tinha nada de positivo a oferecer em resposta à teoria republicana da liberdade. Contudo, no momento em que escreveu o *Leviatã*, havia reconsiderado completamente sua posição, e estava pronto com uma resposta poderosa.[26] Suas sugestões precedentes sobre a esperança social não são mais levadas em conta e desaparecem por completo do *Leviatã*. Em contrapartida, o conceito de homem livre ocupa o centro de sua nova análise da liberdade humana, e Hobbes passa a nos apresentar uma definição formal do termo no seu melhor estilo científico.

Como já nos havia informado, dizer que um corpo, de qualquer tipo, humano ou natural, possui liberdade significa simplesmente que não está impedido por entraves externos de exercer seus poderes naturais. Uma vez reconhecido isso, declara, a definição de um homem livre pode ser inferida de imediato:

> Um HOMEM LIVRE *é aquele que, naquelas coisas que graças a sua força e engenho é capaz de fazer, não é impedido de fazer o que tem vontade de fazer.* (Hobbes, 1996, p.146)

Hobbes nos lembra por que, ao falar da liberdade de tais agentes, não podemos falar de outra coisa que não da ausência desses impedimentos físicos aos seus poderes de movimento:

> Mas sempre que as palavras *livre* e *liberdade* são aplicadas a qualquer coisa que não seja um *corpo*, há um abuso de linguagem; porque o que não se encontra sujeito ao movimento não se encontra sujeito a impedimentos. Portanto, quando se diz, por exemplo, que o caminho está livre, não se está indicando qualquer liberdade do caminho, e sim daqueles que por ele caminham sem parar. (Hobbes, 1996, p.146)

Em outras palavras, ser privado de sua liberdade, e consequentemente perder o *status* de ser um homem livre, significa ser

---

[26] Apesar de Terrel (1997) observar maior continuidade, isto se deve ao seu foco exclusivo sobre o valor republicano da participação, nada dizendo sobre a definição hobbesiana de um *free-man* (homem livre).

"detido" por algum impedimento externo de exercer seus poderes – sua força e sua inteligência – à vontade.

Hobbes assegura-nos com brandura que, ao construir essa definição, ele está nos lembrando simplesmente do "sentido próprio e geralmente aceito de UM HOMEM LIVRE" (Hobbes, 1996, p.146). Este é talvez o momento de desaforo mais exorbitante de todo o *Leviatã*. O argumento que um homem livre é simplesmente alguém que não é impedido de exercer seus poderes segundo sua vontade era de fato extraordinariamente polêmico. Como vimos, se havia um significado geralmente aceito do termo, era precisamente o de que um homem livre é alguém que vive independentemente da vontade de outrem, e que, consequentemente, é livre da possibilidade de ser impedido arbitrariamente de perseguir os fins escolhidos. De acordo com essa concepção, é a mera existência do poder arbitrário, e não o seu exercício de maneira tal a impedir-nos de agir, que retira nossa liberdade e deixa-nos como escravos.

Esse contraste entre liberdade e servidão fora reafirmado vigorosamente no curso da década de 1640 pelas duas principais correntes de oposição à monarquia Stuart. Vemo-lo no centro da causa parlamentar no início da guerra civil, notadamente no texto *Anti-Cavalierisme*, escrito por John Goodwin em outubro de 1642. Ser "homens e mulheres livres", sustenta esse autor, é ter "disposição de si mesmo e de todos os seus movimentos" segundo sua própria vontade. Se os seus governantes têm a posse de poderes discricionários, você será obrigado a viver "segundo as leis de seus desejos e de seus prazeres" e "estar à mercê de seus arbítrios e vontades em todas as coisas". Mas dizer que eles são "Senhores sobre você" é dizer, dessa maneira, que você é dependente de suas vontades, e consequentemente que perdeu o *status* de homem livre e caiu na "miserável escravidão e cativeiro" (Goodwin, 1642, p.38-9).[27]

A mesma convicção era expressa com ainda mais vigor por vários autores *Levellers* [niveladores] que ganharam projeção em meados da década de 1640.[28] Isso não quer dizer que, em suas

---

[27] Para uma discussão completa do argumento de Goodwin, cf. Coffey (2006, p.85-96).
[28] Para uma análise mais aprofundada das teorias sobre a liberdade dos niveladores, cf. Skinner (2006).

denúncias do poder arbitrário, estivessem de acordo com os partidários do Parlamento. Era contra as duas Câmaras que John Lilburne e Richard Overton, os principais panfletários do movimento *Leveller*, dirigiram algumas das suas mais violentas diatribes. Contudo, uma das razões de sua amargura era que eles endossavam a análise da liberdade e da escravidão que os protagonistas do Parlamento fizeram circular no começo da guerra civil. Consideraram a conduta adotada a seguir pelas duas Câmaras como uma traição aos seus próprios princípios mais fundamentais, e muitos panfletos *Levellers*, de meados da década 1640, esfalfaram-se em apelar ao bom-senso e aos deveres do Parlamento, esse corpo representativo degenerado, como Overton o descrevia, para que libertasse o povo, e não agisse, ao contrário, como um poder arbitrário e perpetuador de sua servidão ([Overton] 1647, p.1-3, 12-13).[29]

Por conseguinte, os *Levellers* revelam-se ainda mais ansiosos em apresentar a figura do homem livre como o herói de suas obras, enfatizando que sua liberdade se transforma em escravidão tão logo ele passa a depender de qualquer forma de poder discricionário. Quando John Lilburne foi aprisionado por mandato expresso da Câmara dos Lordes, em 1646, sua petição contra a detenção ilegal tomou a forma de um tratado intitulado *The Freemans Freedome Vindicated* [A liberdade dos homens livres justificada] ([Lilburne]1646a).[30] Richard Overton, aprisionado por um mandato similar, replicou, em seu tratado *The Commoners Complaint* [A reclamação dos Comuns], com uma vigorosa reafirmação da proposição segundo a qual "Servidão e Liberdade são dois contrários" ([Overton] 1646, p.1).[31] Umas das acusações de Overton é que, por exercerem os Lordes poderes arbitrários de detenção, ele fora tiranicamente oprimido e submetido a "crueldades turcas" ([Overton] 1646, p.2). Mas a queixa fundamental e subjacente é que a própria existência de tais poderes tem o efeito de reduzir os homens livres à condição de vassalagem e de servidão ([Overton] 1646, p.7). Se, ele adverte, permitirmos a nós mesmos depender

---

[29] A página-título da cópia de Thomason (British Library) assinala "17 de julho".
[30] A página-título da cópia de Thomason (British Library) menciona "23 de junho".
[31] A página-título da cópia de Thomason (British Library) assinala "10 de fevereiro".

da vontade desses Lordes não eleitos, o efeito será reduzir "todo homem livre da Inglaterra" a um "insuportável cativeiro e escravidão" ([Overton] 1646, página-título). Ele termina fazendo soar uma nota deliberadamente melodramática: "Se eles puderem mandar por prerrogativa, então adeus a toda liberdade" ([Overton] 1646, p.22).

Hobbes estava perfeitamente a par de como o conceito jurídico do *liber homo* fora explorado por esses pensadores democráticos no curso dos anos 1640. Ele escarnece no capítulo 21 do *Leviatã* dos que clamam por liberdade e a reivindicam como seu direito de nascimento, e na versão latina acrescenta que essas são "as demandas de nossos atuais rebeldes" (Hobbes, 1996, p.147, 149).[32] Assim, é com perfeito conhecimento de causa que ele insiste contra toda essa tradição do pensamento romano e republicano, segundo a qual ser um homem livre significa simplesmente estar livre da possibilidade de ser realmente impedido. O contraste entre os teóricos da liberdade republicana e o próprio Hobbes reside, segundo este, no fato de que, enquanto para eles o estar livre da possibilidade de interferência arbitrária é condição necessária para ser um homem livre, para ele a ausência de interferência já é condição suficiente. Em outras palavras, Hobbes afirma que a ausência que marca a presença da liberdade é a ausência de impedimentos que realmente "retiram" de alguém "o poder de fazer o que bem gostaria" (Hobbes, 1996, p.91). Voltando, de outra maneira, ao mesmo ponto, Hobbes nega que o simples fato de viver na dependência da vontade de outrem desempenharia algum papel na limitação da liberdade do homem livre.

Hobbes não era o primeiro a desafiar a afirmação-chave segundo a qual a liberdade é sempre solapada em contextos em que imperam a dominação e a dependência. Carlos I, em sua *Answer to the XIX Propositions* de junho de 1642, havia já objetado aos que abusivamente "davam à Paridade e à Independência o nome de Liberdade" ([Carlos I] 1642, p.22), e repetiria a objeção posteriormente em seu discurso sobre o cadafalso. A liberdade do povo, o rei proclamava, "consiste em ter-se um Governo e leis por meio

---

[32] Cf. Hobbes (1841a, p.161): "flagitarent hodie rebelles nostri".

dos quais a vida e os bens das pessoas tornam-se efetivamente delas próprias" e de modo algum por "tornarem-se partícipes no Governo" ([Carlos I] 1649, p.6). Em outras palavras, é possível viver em liberdade sem viver em um Estado livre.

Vários porta-vozes da causa do rei recusavam, igualmente, a definição da liberdade como o viver independentemente da vontade ou do favor de outrem. Esses autores gostavam de se referir a uma passagem de Claudiano em *De consulatu stilichonis*, na qual observa que, segundo a tradução de Sir Robert Filmer, "quem quer que acredite ser servidão viver sob um príncipe engana-se gravemente: não há liberdade mais prazerosa que sob um rei piedoso" (Filmer, 1991, p.69). Sir John Hayward em sua *Answer*, fortemente absolutista, de 1603 – uma obra disponível a Hobbes na biblioteca Hardwick (Hobbes, MS E.1.A, p.21) –, havia denunciado os que pretendiam que é "uma servidão ser obediente sob reis" e afirmado, ao contrário, que é "o maior dos meios para continuar a ser ao mesmo tempo livre e seguro" (Hayward, 1603, sig. H, 1ᵛ). Também o ubíquo John Bramhall cita, em sua *Serpent Salve* [Remédio da serpente] de 1643, a observação de Claudiano ao declarar que "o súdito nunca encontra mais segurança ou mais liberdade do que sob um rei gracioso" ([Bramhall] 1643, p.45).[33] Poucos anos depois, Filmer iria usar a mesma passagem como epígrafe ao seu *Free-Holders Grand Inquest* [Grande investigação dos proprietários livres], no qual apresenta sua defesa, pela história, dos poderes absolutos da Coroa inglesa (Filmer, 1991, p.69).[34]

Se, como pretendem esses autores, os monarcas absolutos não são culpados de impor a servidão aos seus súditos, então pareceria que viver em liberdade deve significar outra coisa que viver independentemente da vontade de outrem. Bramhall extrai explicitamente, e em vários momentos, essa inferência crucial em seu *The Serpent Salve*. "Se a liberdade do súdito provém dos favores e não dos pactos ou acordos, isso implica ser ela menor? Ou ser vista como menor?" ([Bramhall] 1643, p.12). Adiante em sua análise, e no mesmo espírito, afirma sem rodeio que é simplesmente falso

---

[33] Sobre o monarquismo "constitucional" de Bramhall, cf. Smith (1994, p.220-3).
[34] Cf. a citação menos precisa da página 131.

pretender que alguém seja "um escravo ao se submeter à dominação de outrem" ([Bramhall] 1643, p.39).

Contudo, o que esses autores não conseguem é fornecer uma explicação sobre o que há de precisamente errado na afirmação republicana do simples fato de a dependência tirar a liberdade do homem livre. Quem consegue fornecê-la é Hobbes, no *Leviatã*, tornando-a um marco na evolução das teorias modernas da liberdade. Antes dele, ninguém havia oferecido uma definição explícita sobre o que significa ser um homem livre em competição direta com a definição avançada pelos pensadores da liberdade republicana e suas referências clássicas. Mas Hobbes estabelece tão claramente quanto possível que ser um homem livre nada tem a ver com o ter que viver *sui iuris,* ou o ter que viver independentemente da vontade de outrem; isso significa simplesmente não estar incapacitado por impedimentos externos a agir segundo vontade e poderes próprios. Ele é, portanto, o primeiro a responder aos teóricos republicanos oferecendo uma definição alternativa na qual a presença da liberdade é inteiramente construída como ausência de impedimento e não como ausência de dependência.

VI

Armado com essa nova definição sobre o que significa ser um *liber homo*, Hobbes passa a seguir a tratar da afirmação explicitamente republicana de que só é possível viver como um homem livre em um Estado livre. Uma vez que compreendemos, ele replica, que nossa liberdade consiste simplesmente na ausência de impedimentos externos, deveríamos ser capazes de ver que mesmo as formas mais absolutas de governo monárquico são plenamente compatíveis com o exercício irrestrito da liberdade natural.

Hobbes havia já insistido, em *Do cidadão,* que conservamos um elemento importante de nossa liberdade natural mesmo sob sistemas jurídicos da mais extrema severidade. Quando a preservação de nossa vida ou saúde está em jogo, o impedimento arbitrário constituído por nosso medo das consequências de desobedecer à lei será insuficiente para determinar nossa vontade, em decorrência do que nossa liberdade natural permanecerá intacta. Se, contudo, voltarmos ao *Leviatã*, descobriremos que essa exceção à regra geral é tão largamente compreensiva que ela mesma acaba se tornando regra geral. Agora nos é assegurado que permanecemos, todo o tempo e sob todas as formas de governo, inteiramente em liberdade para desobedecer às leis sempre que quisermos, e, portanto, que "de uma maneira geral *todas* as ações que os homens realizam nas repúblicas por *medo* da lei são ações que eles têm a *liberdade* de não realizar" (Hobbes, 1996, p.146. O primeiro grifo é de nossa autoria). Quando um homem consente ao poder soberano, anuncia Hobbes a partir de agora, "não há *absolutamente* restrição de sua liberdade natural anterior" (Hobbes, 1996, p.151. Grifos nossos).

Para ver como Hobbes defende esse paradoxo, precisamos perguntar primeiramente que explicação ele dá sobre as razões pelas quais obedecemos à lei sob qualquer tipo de Estado. Como vimos, sua resposta em *Os elementos* e em *Do cidadão* fora que o único mecanismo provado para induzir à obediência é o medo. Embora as leis da natureza sejam regras de razão bem como máximas de autopreservação, somente podemos esperar seguir suas injunções pela paixão mais do que pela razão. É apenas quando deliberamos sobre as consequências da desobediência que experimentamos o tipo de terror que nos inibe seguramente de proceder desobedientemente. Como Hobbes resumira no início de sua discussão sobre dominação em *Do cidadão*, não podemos jamais esperar dos homens que "ajam juntos para ajuda mútua, nem que desejem estabelecer a paz entre eles, a menos que sejam coagidos a assim fazer por algum medo comum".[35]

Contudo, na altura em que escreveu o *Leviatã*, Hobbes chegara a considerar como perigosamente insuficiente tratar o Estado como nada mais do que um meio de modelar pela coerção nossa vida comum. Ele expressou essa dúvida no começo do capítulo 30, em uma passagem emocional incomum, ao desenvolver o argumento de que não apenas não tem paralelo em *Os elementos* ou em *Do cidadão*, como contradiz em cheio sua linha de pensamento precedente. Nenhum soberano, afirma ele agora, pode sequer esperar

---

[35] Hobbes (1983, 4.5, p.132): "ut neque mutuam opem conferre, neque pacem inter se habere velint, nisi communi aliquot metu coerceantur".

que o povo endosse sua legitimidade, e, consequentemente, obedeça à suas leis simplesmente pelo "terror do castigo legal" (Hobbes, 1996, p.232). Se o Estado é para sobreviver, as pessoas devem obedecer-lhe não pelo medo que têm das consequências da desobediência, mas antes pelo reconhecimento de que há boas razões para aquiescer ao seu domínio.[36]

Poder-se-á objetar, Hobbes antecipa, que o povo comum não tem capacidade suficiente para compreender as razões dessa aquiescência (Hobbes, 1996, p.233). A isso replica em tons de indignação que não raro reserva aos que falam com desprezo dos cidadãos ordinários. "Deveria alegrar-me", explode repentinamente, pelo fato "de os ricos, e os poderosos súditos de um reino, ou os que passam por ser os mais doutos, não serem menos incapazes" (Hobbes, 1996, p.233). A verdade, ele retruca, é que o problema não está na dificuldade de se compreender a racionalidade da obediência, mas nos interesses dos que não querem ter seu poder limitado. "Os homens poderosos digerem muito mal qualquer coisa que instaure um poder capaz de refrear suas paixões; e os doutos, qualquer coisa que permita descobrir seus erros" (Hobbes, 1996, p.233). Há, por conseguinte, muito mais chance de encontrar a racionalidade requerida nas pessoas comuns do que nos que se veem a si mesmos como seus superiores social e intelectualmente falando.

Contudo, Hobbes não nega, no fim de contas, que a maioria das pessoas tende a obedecer seguindo a paixão mais do que a razão. É verdade que seu argumento é, no ponto do *Leviatã* em que se situa, um pouco mais complexo do que anteriormente, posto que ele sustenta agora que de alguns espíritos generosos se pode esperar que respeitem suas convenções mais por orgulho do que por medo (Hobbes, 1996, p.99).[37] Mas, acrescenta sem nenhum entusiasmo, que a eficácia desse mecanismo pressupõe "uma generosidade que se encontra muito raramente para que se possa presumir sua existência, especialmente entre os que perseguem a riqueza, o mando, ou o prazer sensual, os quais constituem a maior parte da humanidade" (Hobbes, 1996, p.99). Assim sendo, ele aceita que "a paixão

---

[36] Sobre a importância desse pensamento individual, cf. Waldron (2001).
[37] Oakeshott (1975, p.120-5) examina o lugar das "naturezas generosas" (*generous natures*) no argumento de Hobbes.

sobre a qual convém contar é o medo", e acrescenta que, "excetuando algumas naturezas generosas", a paixão do medo "é a única coisa que faz os homens (quando parece haver lucro, ou prazer em infringir as leis) observá-las" (Hobbes, 1996, p.99, 206).

É precisamente essa afirmação sobre a centralidade do medo, contudo, que leva Hobbes a concluir dramaticamente que permanecemos inteiramente livres, o tempo todo, para desobedecer às leis. Nessa nova definição de liberdade, não existe tal coisa como um impedimento arbitrário ao agir livre; a liberdade no sentido próprio do termo é tirada somente por impedimentos externos que nos detêm de realizar ações que estão em nosso poder realizar. Como vimos, contudo, o medo não entra nessa categoria de impedimento. Assim, então, sucede que é possível a alguém viver como um homem livre mesmo estando submetido a uma soberania absoluta: a razão é simplesmente que, como Hobbes agora proclama, "o medo e a liberdade são compatíveis" (Hobbes, 1996, p.146). Não somos nunca impedidos fisicamente de agir em desobediência aos mandamentos da lei, do que se segue que somos sempre inteiramente livres para obedecer ou desobedecer segundo nossa escolha.[38]

Hobbes encerra seu argumento lembrando outra afirmação que fizera em *Do cidadão*: de que a extensão de nossa liberdade não será necessariamente menor sob uma monarquia absoluta do que sob uma forma de governo popular ou democrática. "A palavra *libertas*", havia anunciado então, "pode ser inscrita sobre os portões e as torres de não importa qual cidade, em caracteres tão grandes quanto se queira."[39] Ele reformula agora essa declaração de maneira tal a causar o máximo de ofensa aos teóricos da liberdade republicana. Eles sempre se haviam deleitado em

---

[38] Hobbes, em *Do cidadão*, aborda duas situações nas quais o terror funciona como um obstáculo arbitrário, quais sejam, sentimo-nos normalmente impedidos de querer desobedecer quer à lei, quer a Deus. Por outro lado, o *Leviatã* sugere que, uma vez que não há um obstáculo arbitrário, devemos estar a todo momento igualmente livres para obedecer ou desobedecer à lei. Mas isso não nos permite inferir que devemos ser igualmente livres para obedecer ou desobedecer a Deus? Hobbes guarda silêncio sobre este ponto.

[39] Hobbes (1983, 10.8, p.176): "Et si enim portis turribusque civitatis cuiuscunque, characteribus quantumvis amplis *libertas* inscribatur".

imaginar um espectro político estendendo-se das profundezas da servidão sofrida pelos súditos do Sultão de Constantinopla aos altos picos da liberdade usufruída pelos cidadãos das grandes comunas autônomas da Itália do Renascimento – Florença, Lucca, Siena, Veneza. Como Henry Parker, em suas *Observations* de 1642, afirmara que ao passo que as cidades-repúblicas sabiam como se furtar ao ferrão da monarquia, os turcos estavam condenados a viver como escravos de seu *Grand Seigneur* ([Parker] 1642, p.17, 26, 40). Hobbes recusa-se categoricamente a admitir que há sobre esse ponto qualquer distinção:

> Até hoje se encontra escrita em grandes letras, nas torres da cidade de Lucca, a palavra *libertas*; mas ninguém pode daí inferir que qualquer indivíduo lá possui maior liberdade, ou imunidade em relação ao serviço do Estado, do que em Constantinopla. (Hobbes, 1996, p.149)

Hobbes está ridicularizando uma das devoções mais profundas dos pensadores da liberdade republicana. Não há diferença alguma, ele insiste, entre a liberdade sob o *popolo* em Lucca e a liberdade sob o Sultão em Constantinopla: "que um Estado seja monárquico, ou popular, a liberdade é sempre a mesma" (Hobbes, 1996, p.149).

VII

Até o momento concentrei minha análise no que Hobbes descreve no *Leviatã* como a liberdade "segundo a significação própria do termo" (Hobbes, 1996, p.91). Com isso, referia-se à liberdade de que gozamos enquanto corpos em movimento quando não somos impedidos externamente de agir segundo nossa vontade e poderes. Como escreve no capítulo 21, falar desse estado de liberdade é falar "da *liberdade* natural, a única que é propriamente chamada *liberdade*" (Hobbes, 1996, p.147). Contudo, tão logo deixamos o estado de natureza e entramos no mundo artificial da República, não mais somos simples corpos em movimento; também somos os súditos de um poder soberano. Por convenção renunciamos à maior parte da nossa liberdade natural e colocamo-nos na obrigação de agir em concordância com a vontade de nosso soberano. Consequentemente, *como súditos*,[40] quase não conservamos nenhuma liberdade; e, no capítulo 5 do *Leviatã*, Hobbes chega até o ponto de apresentar o conceito de um súdito livre como um exemplo paradigmático de contradição nos termos (Hobbes, 1996, p.34). Como resume no capítulo 21, "a *lei civil* é uma *obrigação*; e retira-nos a liberdade que a lei de natureza havia nos dado" (Hobbes, 1996, p.200). Podemos mesmo dizer, acrescenta, que as leis impostas pelos soberanos são "trazidas ao mundo para nenhum outro fim que o de limitar a liberdade natural dos homens" (Hobbes, 1996, p.185). Além disso, nossa liberdade natural está igualmente sujeita a essa forma de limitação sob qualquer que seja o tipo de regime político. Dizer que os súditos sob qualquer tipo de governo "têm liberdade" é basicamente dizer "que em tal caso não houve lei que tivesse sido feita" (Hobbes, 1996, p.200; cf. p.185). A isso acrescenta posteriormente, no seu tom mais derrisório, que, embora os que estão descontentes com a vida monárquica gostem de propagar a impressão de que os cidadãos dos Estados livres estão livres das leis, ninguém realmente vivendo em um Estado desses poderia nutrir semelhante ilusão, "posto que não encontram tal coisa" (Hobbes, 1996, p.226).

Há mesmo uma circunstância que permite dizer que a ênfase que Hobbes dá às nossas obrigações enquanto súditos é mais forte no *Leviatã* do que em qualquer de seus precedentes tratados de filosofia civil. Em *Os elementos* e em *Do cidadão*, define o contrato político como uma simples renúncia aos direitos. Uma vez que esse ato de renúncia é, como ele diz, racional, segue-se necessariamente que qualquer desobediência às leis deve ser logicamente irracional, produto de um raciocínio defeituoso ou a pura expressão do impulso autodestrutivo de retornar ao estado de natureza. Em contraste, no *Leviatã* a convenção política é descrita como um contrato de autorização, em virtude do qual todos os súditos se tornam autores de todas as ações executadas pelo soberano em

---

[40] Inúmeros comentadores, deixando de registrar que Hobbes estabeleceu uma distinção categórica entre a liberdade dos súditos e a liberdade no sentido próprio do termo, começam neste ponto a acusá-lo de haver feito uma confusão. Para uma lista destes autores, cf. Skinner (2002a, v.3, p.216n), aos quais se deve acrescentar Mill (2001).

nome deles.⁴¹ Disso se segue que, excetuando os casos de autopreservação, será não só irracional, mas mesmo autocontraditório, desobedecer ou resistir ao nosso soberano por qualquer que seja a maneira.

Hobbes põe em cena essa implicação com uma força particular ao responder ao argumento de que, se o soberano falha em honrar a condição de seu poder, os seus súditos podem resistir-lhe e, se necessário, removê-lo. Ele considera o argumento tanto em relação a "derrubar" um monarca em exercício quanto a puni-lo ou condená-lo à morte. Voltando-se à primeira possibilidade, insiste que é absurdo para os membros de uma multidão supor que eles possam "transferir sua pessoa daquele que dela é portador para outro homem, ou outra assembleia de homens" (Hobbes, 1996, p.122). Eles já se haviam ligado, "cada homem perante cada homem, a reconhecer e a ser considerados autores de tudo quanto aquele que já é seu soberano fizer e considerar bom ser feito" (Hobbes, 1996, p.122). Se eles o derrubarem, cairão simplesmente na contradição de, a um só e mesmo tempo, autorizarem e repudiarem suas ações. É igualmente absurdo pensar em punir um monarca em exercício ou condená-lo à morte. Dado que "cada súdito é autor das ações de seu soberano", isso simplesmente implicará na mesma contradição que a precedente. Todo súdito que procurar punir seu soberano o condenará por "ações que ele mesmo cometeu" (Hobbes, 1996, p.124).

Hobbes, contudo, permanece ansioso, mesmo a essa altura de sua argumentação, para tranquilizar seus leitores de que a perda de liberdade da qual tem tratado é ela mesma solidamente circunscrita. Sugerir, como fizeram alguns comentadores, que Hobbes manifesta uma "hostilidade crescente" para com as reivindicações de liberdade, e que essa hostilidade culmina no *Leviatã*, parece-me interpretar mal o curso de seu pensamento.⁴² Como procurarei mostrar a seguir, sua estratégia básica ao tentar desacreditar a teoria republicana da liberdade consiste em tentar colocar o máximo de ênfase possível sobre a persistência de nossa liberdade

---

⁴¹ Sobre a teoria hobbesiana da autorização, cf. Baumgold (1988, p.36-55); Skinner (2005b).
⁴² Sobre esta afirmação, cf. Goldsmith (1989, p.37).

mesmo sob um governo, uma estratégia que procura seguir de duas maneiras distintas.

Primeiramente sustenta que, em virtude do caráter próprio da convenção política, continuamos mesmo em nosso estado de sujeição civil a usufruir o que ele descreve agora como "a verdadeira liberdade dos súditos" (cf. Hobbes, 1996, p.150).[43] Aqui, sua afirmação fundamental é já familiar desde os *Os elementos* e o *Do cidadão*, qual seja, que existem certos direitos de natureza que não podem ser cedidos. Contudo, quando no *Leviatã* retoma essa proposição, ele não apenas emprega uma fórmula mais elegante para resumir seu argumento; ele também o reconsidera em si mesmo, que passa a apresentar agora num estilo um pouco diferente.

A natureza da diferença emerge quando Hobbes procura explicar por que essas liberdades podem e devem ser conservadas. Em *Os elementos* e em *Do cidadão*, ele havia dado muito peso ao fato de que seu abandono equivaleria a uma impossibilidade psicológica. Como afirmara em *Do cidadão*, "cada indivíduo é impelido, por uma necessidade natural particular, a buscar o que a ele parece bom, e a fugir do que lhe parece mau", e em tais circunstâncias é difícil imaginar como poderia ser de outra maneira.[44] No *Leviatã*, oferece uma explicação diferente, que tem o mérito de embasar mais firmemente as liberdades em questão como direitos naturais. Ele não mais argumenta que não se pode esperar que a elas renunciemos; argumenta em termos puramente jurídicos que não podemos ter obrigação alguma de a elas renunciar. Em outras palavras, há certos direitos, que "não podem ser abandonados por nenhuma convenção" (Hobbes, 1996, p.153). Com essa afirmação, Hobbes chega ao conceito, quase um oxímoro, de um direito natural inalienável – o conceito de um direito que, como o iria formular posteriormente no *Leviatã* em latim, não pode ser extinto.[45]

Para apreciar a amplitude desses direitos, precisamos somente lembrar por que sempre concordamos em nos sujeitar à lei e ao

---

[43] Para uma discussão desta passagem, cf. Martinich (2004, p.234-7).
[44] Hobbes (1983, 1.7, p.94): "Fertur enim unusquisque ad appetitionem eius quod sibi Bonum, & ad Fugam eius quod sibi malum est ... idque necessitate quadam naturae".
[45] Hobbes (1841a, p.168): "nullo pacto extingui potest".

governo. Temos todos necessidade de nos proteger uns dos outros, em consequência do que temos todos necessidade de abandonar tantos de nossos direitos a agir quantos possam ser necessários para assegurar essa proteção. Se, contudo, ao lado daqueles direitos, temos quaisquer outros, estes devem permanecer conosco na forma de nossa verdadeira liberdade como súditos. Devemos, nas palavras de Hobbes, conservar "a liberdade em todas as coisas que o direito que temos sobre elas não pode ser transferido por uma convenção" (Hobbes, 1996, p.151).

Mas esses direitos inalienáveis existem? Em outras palavras, existem liberdades que escapam aos termos da convenção? Hobbes, logo que pensa sobre eles, reconhece que a lista é notavelmente extensa. Ninguém pode ser solicitado a alienar o direito "de resistir aos que o assaltam" nem ao direito de recusar a acusar a si mesmo. Todo mundo deve igualmente conservar o direito de não matar a si mesmo nem a outrem, e deve por conseguinte conservar a liberdade (a menos que a vida da República esteja em jogo) de recusar o serviço militar. A lista dos direitos inalienáveis deve mesmo ser estendida à preservação de nossa boa reputação, pois Hobbes acredita que todo mundo tem o direito de recusar um serviço público que seja desonroso ou perigoso.[46]

O outro argumento de Hobbes sobre a persistência da liberdade mesmo sob um governo é que, em acréscimo aos nossos direitos inalienáveis, conservamos uma gama suplementar de liberdades em consequência do que descreve agora como "o silêncio da lei" (Hobbes, 1996, p.152). Aqui, como precedentemente, ele expõe seu pensamento com uma fórmula viva e mais elegante, mas nesse caso seu próprio pensamento não deixaria de ser familiar aos leitores de *Os elementos* ou de *Do cidadão*: lá onde as leis não se aventuram a regular nossas ações, conservamos a liberdade de agir segundo nossas escolhas (Hobbes, 1996, p.147, 152). O único traço novo de sua análise é que ele nos brinda agora com alguns exemplos do que tem em mente. Como ele mesmo afirma, está falando de direitos como "a liberdade de comprar, de vender e, por outro lado, de contratar um com outro; de escolher sua

---

[46] Para esta lista, cf. Hobbes (1996, p.151-2).

própria residência, sua própria dieta, seu próprio ofício, e de educar seus filhos como eles próprios julgam certo, e assim por diante" (Hobbes, 1996, p.148).[47]

A essa lista, contudo, Hobbes faz um acréscimo surpreendente: declara, no capítulo 47 do *Leviatã*, que essas liberdades incluem a liberdade de culto. O contraste aqui com *Os elementos* e *Do cidadão* dificilmente poderia ser mais completo. Quando Hobbes aborda a questão da liberdade religiosa nesses textos anteriores, nega energicamente que os súditos tenham qualquer direito que seja a determinar para eles mesmos o sentido das Escrituras ou as prescrições que delas decorrem com relação ao culto. É um dos deveres dos soberanos, argumenta, sustentar uma Igreja apostólica e impor aos seus súditos os julgamentos de um clero oficial em todas as matérias suscetíveis de controvérsia doutrinal. Como afirma em *Do cidadão*, "o detentor do poder soberano em uma República é obrigado enquanto cristão, a cada vez que uma questão se coloca sobre *os mistérios da fé*, a fazer interpretar as Escrituras sagradas pelos *clérigos* ordenados segundo os ritos estabelecidos".[48]

Hobbes reconhece no *Leviatã* que essa obrigação sempre teve por efeito impor limites estritos à liberdade dos súditos cristãos (Hobbes, 1996, p.479). Mas refere-se agora com satisfação ao fato de que na Inglaterra esse "nó sobre sua liberdade" foi finalmente desamarrado (Hobbes, 1996, p.479). Com a transferência do poder dos presbiterianos aos independentes no fim de 1648, seus compatriotas foram "reduzidos à independência dos primeiros cristãos para seguir a Paulo, ou a Cephas, ou a Apolo, segundo a preferência de cada um".[49] Acharam-se assim na condição das primitivas congregações, cujas consciências eram livres, e que preservaram sua liberdade de palavra e ação "unicamente submetidos ao poder

---

[47] Porém, em Hobbes (1841a, p.161), os exemplos foram suprimidos.
[48] Hobbes (1983, 17.28, p.279): "Obligatur ergo quatenus Christianus, is qui habet civitatis imperium, scripturas sacras, ubi quaestio est de *mysteriis fidei*, per *Ecclesiasticos* rite ordinatos interpretari". Para anúncios do mesmo argumento nos *Elementos*, cf. Hobbes (1969a, 11.9-10, p.58-9; 25.13, p.158).
[49] Hobbes (1996, p.479) alude a *1 Coríntios* 1.12. Como observou Martinich (1999, p.173), a alusão de Hobbes é um tanto quanto irônica, uma vez que São Paulo reclamava da disposição das diferentes facções em seguir seus próprios líderes.

civil" (Hobbes, 1996, p.479). A isso Hobbes acrescenta, em uma passagem discreta, mas extraordinária, que essa política "é talvez a melhor" (Hobbes, 1996, p.480). Não só ele aplaude o aumento da liberdade consecutivo à derrota do episcopado bem como do presbiterianismo, como fala explicitamente em favor da organização política sob a qual todo mundo, se bem que submetido ao poder civil, é deixado em liberdade para expressar sua crença religiosa de acordo com os ditames da consciência.[50]

A primeira réplica de Hobbes aos teóricos republicanos é por conseguinte que, mesmo sob um governo absolutista, conservamos uma ampla gama de liberdades civis bem como de direitos naturais. De importância ainda maior, contudo, é sua afirmação fundamental que conservamos em todas as circunstâncias nossa liberdade natural de obedecer ou desobedecer às leis, segundo nossa própria escolha. Esse é o ponto crucial ao qual ele volta, resumindo-o finalmente nos termos de sua distinção fundamental entre natureza e artifício. Os laços da lei que nos obrigam à obediência civil não são mais que "cadeias artificiais" que, "por sua própria natureza", não têm nenhuma força, mas que nos previnem de agir inteiramente como desejamos.[51] Falando dessas cadeias, Hobbes observa que os membros da multidão as amarram "numa ponta, aos lábios do homem, ou da assembleia, a quem deram o poder soberano; e na outra ponta às suas próprias orelhas".[52] Aqui ele está aludindo a Luciano e sua fábula de Hércules, um topos favorito entre os autores de livros de emblemas, nos quais o deus tem sido representado frequentemente

---

[50] Richard Tuck envidou muitos esforços para iluminar o valor deste ponto, de maneira que minha análise deve muito às suas (cf. Tuck, 1989, p.28-31; 1996, p.xxxviii-xli), assim como à de Martinich (1992, p.329-31). Os pontos de contato entre Hobbes e os independentes receberam tratamento exaustivo em Collins (2005, p.123-30, 143-6). Mas o argumento não passou ileso às críticas. Nauta (2002) refuta a hipótese de que exista uma dramática mudança na concepção hobbesiana das relações entre Igreja e Estado entre os *Elementos* e o *Leviatã* (mas ele não contesta a transformação no pensamento de Hobbes sobre o qual dirigi minha atenção). Sommerville (2004) demonstrou quanto se tem exagerado no peso atribuído à defesa dos independentes por Hobbes (da mesma forma, porém, não contesta que, em matéria de poder clerical, o *Leviatã* parece endossar a causa dos independentes).

[51] Hobbes (1996, p.93, 147).

[52] Hobbes (1996, p.147).

– como o dístico que acompanha a imagem de Alciato o explica – "com pequenas cadeias amarradas à sua língua e atravessando suas orelhas, por meio das quais ele pode facilmente conquistar os homens para o seu lado" (Figura 16).[53] Assim também acontece, de acordo com Hobbes, com os laços ou as cadeias da lei civil, que igualmente operam pela persuasão mais do que pela força. Desses laços, pode-se "fazê-los prender" de tal maneira que limitem nossa liberdade, unicamente por meio da imposição de penalidades suficientemente severas para fazer refrear nossas paixões e obrigar-nos artificialmente ao cumprimento de nossas convenções (Hobbes, 1996, p.96, 101, 117).

Em outras palavras, é somente no mundo do artifício que somos vinculados pelas leis de maneira a sermos impedidos de exercer nossa liberdade. Se nos voltarmos para o mundo real, o mundo da natureza, verificaremos que essas cadeias são "impotentes para a segurança do homem" (Hobbes, 1996, p.117, 147). Como Hobbes afirma no capítulo 21, "esses laços, que pela própria natureza carecem de qualquer força, podem, contudo, por efeito do perigo (mas não da dificuldade) que haveria em rompê-los, ser feitos para resistir" (Hobbes, 1996, p.147). No manuscrito do *Leviatã*, ele se havia exprimido de maneira ainda um tanto hesitante:

> Esses laços comumente chamados deveres, e obrigações, são fracos por sua própria natureza, contudo, podem ser feitos de maneira tal que se tornam resistentes pelo perigo, mas não pela dificuldade de rompê-los. (BL Egerton MS 1910, fo. 70ʳ)[54]

---

[53] Lucian (1913, v.1, p.65). Cf. Alciato (1550, p.194): "lingua illi levibus traiecta cathenis/ Quemvis fissa facileis allicit aure viros". Para imagens afins, cf. Bocchi (1574, p.92); Haecht Goidtsenhoven (1610, p.43); Baudoin (1638, p.533). Para uma discussão do *topos*, cf. Bredekamp (1999, p.126-31).
[54] Clarendon (1676, p.8) descreveu corretamente esta versão (o único manuscrito original remanescente do *Leviatã*) como "escrita com grandes letras, sobre pergaminho, por uma mão maravilhosa" ("engross'd in Vellam, in a marvellous fair hand"), acrescentando que Hobbes apresentou-a ao futuro rei Carlos II.

16. Alciato, Andrea (1550). *Emblemata*, Lyons, p.194.

O ponto-chave em ambas as passagens é que os laços da lei não têm o poder de nos deter a ponto de estarmos realmente (ao contrário de metaforicamente) atados ou encadeados, e, por conseguinte, realmente privados de nossa liberdade de acordo com a significação própria do termo. Conservamos a liberdade de violar as leis e renegar nossas convenções a qualquer tempo. Na verdade, como Hobbes melancolicamente conclui, "nada é quebrado com mais facilidade do que a palavra de um homem" (Hobbes, 1996, p.93).

VIII

O desfecho do ataque de Hobbes contra os teóricos da liberdade republicana é, portanto, que eles estão completamente enganados ao supor que somente podemos viver como homens livres em Estados livres. Pelo contrário, conservamos inteiramente nossa liberdade natural mesmo sob a forma mais absoluta de soberania monárquica possível de se imaginar. O que acontece, então, com seu ideal subjacente de Estado livre? É a essa questão, e à destruição dessa outra palavra de ordem da tradição republicana, que Hobbes se dirige para finalizar.

Também aqui ele tem algo novo a dizer sobre o conceito de liberdade. Em *Os elementos* não fizera referência aos Estados livres, e em *Do cidadão* falara uma única vez da *libertas civitatis* (Hobbes, 1983, 10.8, p.176), sem fazer esforço algum para explicar o que poderia significar dizer de um Estado, por oposição aos seus cidadãos, que é livre. Em contraste, no *Leviatã*, põe muita ênfase no fato de a teoria republicana da liberdade concernir menos à liberdade dos indivíduos que à das comunidades:

> A liberdade à qual se encontram tantas e tão honrosas referências nas obras de história e filosofia dos antigos gregos e romanos, assim como nos escritos e discursos dos que deles receberam todo o seu saber em matéria de política, não é a liberdade dos indivíduos, mas a liberdade do Estado. (Hobbes, 1996, p.149)

Por ter estudado Tucídides, Hobbes sabia perfeitamente bem que isso era um exagero: os autores gregos e romanos estiveram muito pouco interessados em saber quais as formas de governo que melhor sustentam a liberdade dos particulares. Contudo, essa hipérbole tem incontestavelmente o efeito de fixar a atenção do leitor sobre uma nova questão que ele deseja colocar: que sentido pode ser dado às afirmações postas pelos teóricos republicanos sobre a liberdade dos Estados livres?

Hobbes traz à baila esse assunto pela primeira vez no capítulo 13 do *Leviatã* ao analisar a condição natural da humanidade. Ele reitera que o estado de natureza é uma condição de liberdade, e passa a se perguntar, como anteriormente, se alguns grupos ou nações jamais viveram em tal estado. Sua resposta em *Os elementos* e em *Do cidadão* fora que nossos ancestrais haviam conhecido indubitavelmente esse modo de vida, e que esse era ainda o destino das "nações selvagens que vivem atualmente" (Hobbes, 1969a, 14.12, p.73). A discussão no capítulo 13 do *Leviatã* é conduzida de maneira bem diferente. Hobbes concentra-se agora com exclusividade na questão de saber se é possível encontrar, em algum lugar do mundo moderno, a liberdade característica de nossa condição natural. Ele se refere uma vez mais "aos selvagens em muitos lugares da *América*" (Hobbes, 1996, p.89; cf. 1983, 1.13, p.96), mas acrescentando agora dois exemplos novos e desafiadores. De um lado, pode-se dizer que o estado de natureza reaparece sempre que uma comunidade mergulha em uma guerra civil (Hobbes, 1996, p.90). De outro, que toda República independente vive um tal estado de liberdade absoluta com relação a todos os demais Estados soberanos (Hobbes, 1996, p.90).[55] Pelo fato de tais comunidades não terem obrigações legais umas com as outras, e, por conseguinte, conservarem a liberdade natural de exercer seus poderes à vontade, confrontam-se umas às outras "na situação e postura dos gladiadores; com suas armas

---

[55] Hobbes (1994, v.1, p.424) acrescenta mais dois exemplos (correspondência com François Peleau, 1657). No entanto, é difícil enquadrá-los na linha de argumentação de seus trabalhos publicados. Um trata dos "soldados que servem em lugares diferentes" ("soldiers who serve in different places"); o outro, dos "pedreiros que trabalham sob a autoridade de diferentes arquitetos" ("masons who work under different architects").

apontadas, e seus olhos fixados no outro", o que resulta em "atitude de guerra" (Hobbes, 1996, p.90).[56]

Quando Hobbes, no capítulo 21, pergunta explicitamente o que isso poderia significar com relação aos chamados Estados livres, remete-nos imediatamente à sua exposição anterior. Podemos dizer que todas as repúblicas, repete ele, vivem "na condição de uma guerra perpétua, e nos limites da batalha, com suas fronteiras armadas, seus canhões postados contra todos os seus vizinhos fronteiriços" (Hobbes, 1996, p.149). Seu objetivo imediato é lembrar-nos que todas as repúblicas vivem em um estado de liberdade natural umas com as outras. Mas seu propósito subjacente é finalmente tornar claro o que querem dizer os teóricos republicanos ao se referirem à suposta liberdade dos Estados livres. De acordo com Hobbes, eles estão simplesmente chamando a atenção para o fato óbvio de que todos os Estados independentes são livres para agir de acordo com suas escolhas, posto que não têm obrigação de agir de outra maneira. Exatamente como há "uma liberdade plena e absoluta de cada homem particular" no estado de natureza, ocorre "a mesma coisa com os Estados, e Repúblicas independentes umas das outras, com cada república" possuindo "uma liberdade absoluta de fazer o que julga" ser "o mais condizente com o seu interesse" (Hobbes, 1996, p.149). A réplica arrasadora de Hobbes é, portanto, que, quando os teóricos republicanos descrevem alguma República particular como um Estado livre, eles estão meramente observando que esta é livre para agir à vontade em consequência de ser livre de qualquer obrigação com relação aos outros Estados, algo que pode ser igualmente dito de toda República no mundo.

Por fim, acrescenta Hobbes em um tom não menos destruidor, podemos pelo menos dar um sentido às afirmações que os teóricos republicanos gostam de fazer sobre os povos supostamente livres de Atenas e Roma antigas. Podemos certamente dizer, ele concede, que "os atenienses e os romanos eram livres; ou seja, Repúblicas livres" (Hobbes, 1996, p.149). Mas isso não significa minimamente dizer

---

[56] Malcolm (2002, p.432-56) explora as consequências desta afirmação, embora seu principal interesse esteja no fato de que, para Hobbes, as relações entre os Estados permanecem governadas pelas leis da natureza. Para uma análise suplementar, cf. Armitage (2006).

"que cada homem particular tinha a liberdade de resistir ao seu próprio representante" (Hobbes, 1996, p.149). Apenas é possível dizer que seus representantes, por não terem nenhuma obrigação para com outros Estados, tinham a liberdade de exercer seus poderes em todos os domínios que escolherem, incluindo "a liberdade de resistir, ou invadir, a outro povo" (Hobbes, 1996, p.149). Mas isso também é algo que pode ser dito de toda República soberana. A sugestão de que poderia haver algo de distintivo na liberdade dos Estados livres desmancha-se no ar.

6 – LIBERDADE E OBRIGAÇÃO POLÍTICA

I

Hobbes, ao passar em revista, no *Behemoth*, pelos inimigos da monarquia Stuart, reserva algumas de suas palavras mais duras de desprezo aos "fidalgos democráticos" e seu "desígnio de mudar o governo de monárquico para popular, que eles chamavam Liberdade" (Manuscrito de St. John, MS 13, p.24; cf. Hobbes, 1969b, p.26). Contudo, no momento da publicação do *Leviatã*, na primavera de 1651, esses mesmos fidalgos tinham-se solidamente estabelecido nos assentos do poder soberano, depois de ter proclamado, em maio de 1649, que a Inglaterra era agora "uma República e Estado livre" (Gardiner, 1906, p.388). Qual seria, então, segundo Hobbes, a atitude correta a adotar diante desses acontecimentos sem precedentes, que no *Behemoth* descreve como uma revolução? (Manuscrito de St. John, MS 13, p.189; cf. Hobbes, 1969b, p.204). A autoridade do Parlamento Rump deveria ser aceita com relutância, ou acolhida positivamente, ou, ainda, resistida a todo custo como muitos monarquistas continuavam a ansiar?

Em várias passagens do *Leviatã*, Hobbes deixa muito claro que olha com desprezo o novo regime e seus apoiadores. Quando, no capítulo 18, fala dos que derrubaram a monarquia e conduziram seu soberano à morte, assinala que tais atos jamais poderão ser justificados (Hobbes 1996, p.122, 124).[1] Quando

---

[1] Para a distinção hobbesiana entre monarquia absoluta e tirania, cf. Hoekstra (2001).

retorna no capítulo 29 aos que defendem o ato do regicídio, não hesita em acrescentar que tais inimigos da monarquia são loucos, próprios unicamente para serem comparados a cachorros loucos (Hobbes, 1996, p.226). Uma vez mais, na Revisão e Conclusão do livro, condena os que combateram contra Carlos I, com a observação que deveria ter acrescentado à sua lista das leis da natureza uma outra lei suplementar nomeadamente *"que todo homem é impelido pela natureza, à medida que isso lhe é possível, a proteger na guerra a autoridade pela qual é protegido em tempo de paz"* (Hobbes, 1996, p.484).

Hobbes volta ao ataque no *Behemoth*, falando com uma franqueza ainda maior proporcionada pelo ponto de vista vantajoso e seguro do mundo da Restauração. Ele assegura a Lorde Arlington em sua Epístola dedicatória que "nada pode ser mais instrutivo em favor da lealdade e da justiça que a lembrança, enquanto durar", das últimas guerras civis (Manuscrito de St. John, MS 13, Ep. Ded.; cf. Hobbes, 1969b, Ep. Ded.). E acrescenta, no corpo do texto, com uma ferocidade não diminuída, que ninguém poderia imaginar um catálogo mais longo que o dos "vícios, ou dos crimes, ou das loucuras da maior parte dos que compunham o Parlamento Longo".[2]

Contudo, a despeito da violência de suas polêmicas, Hobbes, planejou todo o *Leviatã* como uma obra irênica. Reconhece de bom grado, especialmente na Revisão e Conclusão, que a monarquia Stuart perdeu a batalha, e que o Parlamento Rump preenche agora o dever mais fundamental de um governo, o de prover segurança e paz. Assim sendo, Hobbes mostra-se disposto não só a fazer ele próprio a paz com a República inglesa como a estimular os outros a fazer o mesmo. Defende os que se submeteram, e tenta também, mais ambiciosamente ainda, mostrar que todo mundo tem, em consciência, a obrigação positiva de obedecer ao novo regime. Quando, em 1656, publicou as *Six Lessons* [Seis lições] em resposta aos seus críticos, considera um de seus maiores motivos de orgulho que o *Leviatã* tenha "disposto a mente de um milhar de fidalgos a uma obediência consciente ao atual governo, que

---

[2] Manuscrito de St. John, MS 13, p.144; cf. Hobbes (1969b, p.155).

de outro modo poderiam ter vacilado àquela altura" (Hobbes, 1854b, p.336).

Vários comentadores argumentaram recentemente que esses comprometimentos constituem uma traição a alguns dos princípios mais caros a Hobbes.[3] Sustentam que, antes de, na Revisão e Conclusão do *Leviatã*, introduzir o tema da relação mútua entre proteção e obediência, ele sempre estivera pronto a defender o ideal do direito hereditário inalienável.[4] Contudo, como vimos, Hobbes sustenta consistentemente que a razão fundamental para que nos submetamos ao governo é a esperança de receber segurança e defesa. Ele já havia nos dito em *Os elementos* que "o fim pelo qual um homem abandona, em benefício de outrem, o direito de proteger e defender a si mesmo, por seu próprio poder, é a segurança que, por esse meio, espera" (Hobbes 1969a, 20.5, p.110). Daí se segue, como o *Do cidadão* acrescenta, que "se uma República acaso caísse em poder de seus inimigos, todos os súditos retornariam imediatamente do seu estado de sujeição civil ao de sua liberdade natural", pela simples razão de que seu governo não mais pode continuar a lhes oferecer proteção.[5]

A mesma doutrina é repetida não apenas na Revisão e Conclusão do *Leviatã*, mas em muitas passagens anteriores do texto. A discussão mais completa pode ser encontrada no capítulo 21, ao final da análise sobre a liberdade dos súditos. "A obrigação que tem os súditos para com o soberano", nos é aí assegurado, "é entendida como válida unicamente pelo tempo em que o poder, mantendo-se, for capaz de protegê-los" (Hobbes, 1996, p.153). Hobbes admite que dos soberanos talvez possa ser dito que conservam seus direitos mesmo depois de terem sido conquistados, mas insiste que em tais circunstâncias se extingue a obrigação dos

---

[3] Esta afirmação já recebeu críticas de Hoekstra (2004), a quem muito devo por esta discussão. Para outras discussões sobre a posição de Hobbes, cf. Metzger (1991, p.131-57); Fukuda (1997, p.61-8).
[4] Por exemplo, Tuck (1996 p.ix, xliv) afirma que Hobbes abandonou o monarquismo apenas ao final do *Leviatã*, um argumento desenvolvido em Baumgold 2000, que sustenta (p.36) que a "volta-face"de Hobbes na Revisão e na Conclusão marca sua "primeira rejeição do princípio do direito hereditário inalienável".
[5] Hobbes (1983, 7.18, p.159): "si civitas venerit in potestatem hostium [...] a subiectione civili, in libertatem [...] naturalem [...] simul se recipiunt cuncti cives".

membros do corpo político (Hobbes, 1996, p.230). A razão, reitera, é que "quem quer proteção vai procurá-la em toda parte": se a perde, não mais está obrigado; se a encontra alhures, não só incorre em uma nova obrigação, como agora lhe é requerido "que proteja seu protetor pelo tempo que puder" (Hobbes, 1996, p.230). Quando Hobbes nos informa, ao final de sua Revisão e Conclusão, que compôs o Leviatã "sem outro desígnio que o de colocar diante dos olhos dos homens a relação mútua entre proteção e obediência", está sublinhando um princípio que tem sido em todos os momentos fundamental à sua teoria da obrigação política (Hobbes, 1996, p.491).[6]

Hobbes contesta ulteriormente a ideia de um direito hereditário no célebre frontispício emblemático do *Leviatã*. Sua imagem do Estado como essencialmente uma força protetora corporifica um desafio poderoso aos princípios legitimistas, e especialmente, talvez, à representação mais extraordinariamente influente daqueles princípios, no frontispício, não menos célebre, do *Eikon Basilike*, a mais popular das muitas celebrações monarquistas de Carlos I como um mártir de sua causa[7] (Figura 17).[8] O *Eikon* foi publicado pela primeira vez no início de 1649, como uma obra do próprio rei, embora tenha sido produzido principalmente por John Gauden, o futuro capelão de Carlos II.[9] O frontispício mostra o rei Carlos (como a página-título declara) "em sua solidão e sofrimento", ajoelhado diante de um livro aberto no qual lemos "em tua palavra deposito minha esperança".[10] Malgrado seu Estado perdido, o rei é mostrado como o portador inquestionável da soberania. Ele endossa as insígnias completas da realeza, apesar de rejeitar sua

---

[6] Minha ênfase sobre este ponto se deve muito a Hoekstra (2004).
[7] Bredekamp (1999, p.95-7) já empreendeu esta comparação, bem como ofereceu uma explicação geral da iconografia hobbesiana, à qual muito devo.
[8] [Gauden] (1649), frontispício dobrável na sequência de sig. A, 4ᵛ, gravação assinada por William Marshall. Sobre os diferentes estados do projeto de Marshall, cf. Madan (1950, apêndice 6, p.177-8). A versão aqui reproduzida (British Library) foi listada por Madan (1950) como a vigésima sexta de um total de 1.649 cópias. Trata-se de uma versão rara: era mais comum publicar-se o "Esclarecimento do Emblema" ("The Explanation of the Embleme") numa folha separada.
[9] Sobre Gauden e seu papel na produção do "livro do rei" ("king's book"), cf. Wilcher (2001, p.277-86).
[10] [Gauden] (1649, frontispício): "in verbo tuo spes mea".

17. [Gauden, John] (1649). *Eikon Basilike: The Pourtraicture of His Sacred Majestie in His Solitudes and Sufferings*, London, frontispício.

coroa real (em cuja borda está escrito "vaidade") em favor da coroa de espinhos que está carregando e da coroa da glória celeste na qual fixa seu olhar atento.[11] A natureza de sua soberania é pintada em termos fortemente pessoais e com a ênfase posta na grandeza de suas qualidades morais. Ele é um rochedo que, açoitado pelas tempestades e pelo mar alto, "triunfa, inamovível",[12] e nós somos assegurados de que, como no caso da palmeira, quanto maior são os gravames de que está carregada tanto mais sua virtude vai crescer e resistir.[13]

Com mais clareza ainda, nos é mostrado que o rei tem uma ligação direta com Deus, e consequentemente seu poder é de natureza divina e inalienável. Não há nenhuma sugestão de que o povo possa ter desempenhado qualquer papel na instituição de sua autoridade. Seus súditos apenas são mencionados nos versos latinos que dão "a explicação do emblema", no quais nos é dito que o vento e as ondas significam sua fúria, diante da qual o rei permanece inabalável.[14] A página-título fala de "sua Majestade sagrada", ao passo que o próprio emblema proclama que ele "brilha com muito mais luz nas sombras" nas quais tem sido deixado.[15] A razão dessa confiança, nos é claramente mostrada, nasce do fato de a luz, que continua firmemente a iluminá-lo, vir diretamente do céu.

Voltando ao frontispício do *Leviatã* (Figura 18) (Hobbes, 1651), vemo-nos confrontados com uma representação do poder soberano fortemente contrastante com a anterior, e que visivelmente aceita, mais que desafia, as mudanças revolucionárias que acabam de ter

---

[11] Covarrubias (1610, fo. 207), mostra de um modo semelhante a figura régia rechaçando sua coroa, globo e cetro, enquanto tenta alcançar uma coroa celestial.
[12] [Gauden] (1649, frontispício): "immota triumphans". A imagem de uma pedra inabalável sob tempestades era popular na literatura emblemática. Cf., por exemplo, Montenay (1571, p.13); Whitney (1586, p.96); Covarrubias (1610, fo. 287); Peacham (1612, p.158); Wither (1635, p.97, 218); Baudoin (1638, página-título).
[13] [Gauden] (1649, frontispício): "crescit sub pondere virtus". Para esta interpretação do simbolismo da palmeira, popular entre os autores de emblemas, cf. Alciato (1550, p.43); Boissard (1593, p.37); Baudoin (1638, p.511).
[14] [Gauden] (1649, frontispício) *Explanation*, versão latina, linhas 3-4: "fuorem Irati Populi Rupes immota repello".
[15] [Gauden] (1649, frontispício) repetido no "Esclarecimento" (*Explanation*), versão latina, linha 5: "clarior e tenebris... corusco". Cf. o emblema "Tanto clarior" em Peacham (1612, p.42).

HOBBES E A LIBERDADE REPUBLICANA 173

18. Hobbes, Thomas (1651). *Leviathan, or The Matter, Forme, & Power of a Common-wealth Ecclesiasticall and Civil*, London, frontispício.

lugar.[16] É bem possível que Hobbes tenha pessoalmente contribuído à concepção da imagem, e está fora de dúvida que deu sua aprovação, posto que uma versão sua serve de frontispício à cópia manuscrita do *Leviatã* com a qual presenteou o futuro rei Carlos II no fim de 1651.[17] É certo que essa iconografia reflete um conhecimento íntimo da filosofia civil de Hobbes, e especialmente da sua análise intrincada e distintiva das relações entre a multidão, o soberano e a República ou o Estado.[18]

Hobbes argumenta nos capítulos 16 e 17 do *Leviatã* que se institui um Estado quando os membros individuais de uma multidão estabelecem uns com os outros uma convenção que autoriza uma pessoa "artificial" a exercer a soberania sobre eles. Por pessoa "artificial" Hobbes entende simplesmente um representante, uma pessoa com o direito de falar e agir em nome das outras. Como explica no início do capítulo 16, quando as palavras e as ações de uma pessoa "são consideradas como representando as palavras e as ações de outrem, então esta é uma *"pessoa fictícia ou artificial"* (Hobbes, 1996, p.111). O argumento preciso de Hobbes sobre a natureza da convenção que serve a instituir um Estado é, portanto, que os membros de uma multidão autorizam uma pessoa singular natural (homem ou mulher), ou, ainda, um grupo de pessoas naturais (uma assembleia), a endossar a pessoa artificial de seu

---

[16] Para a tentativa mais completa de explicar a iconografia hobbesiana, cf. Corbett e Lightbown (1979, p.219-30). Embora ofereçam uma descrição extremamente fiel, não estou convencido de que se possa dizer o mesmo da interpretação global de ambos, pelas razões oferecidas abaixo. Uma análise com a qual concordo no essencial encontra-se em Bredekamp (1999, p.13-6).
[17] Para argumentos favoráveis a esta datação, cf. Tuck (1996, p.liii). A edição de Tuck inclui também (p.2) uma reprodução da versão manuscrita do frontispício. Para outras reproduções, cf. Bredekamp (1999, p.3) e Malcolm (2002, p.231). A principal diferença entre esta imagem e aquela no texto é que, nesta última, os indivíduos que compõem o corpo do povo são mostrados em pé, com os olhos voltados ao soberano, ao passo que na primeira, são mostrados como faces que se dirigem em sua maioria para nós (embora um demonstre medo enquanto dirige seu olhar ao soberano). Malcolm (2002, p.200-29) mostra que as particularidades da versão manuscrita podem ser explicadas pelo interesse de Hobbes nas perspectivas "curiosas" (isto é, anamórficas). Sobre o interesse de Hobbes pelo anamorfose, cf. Bredekamp (1999, p.83-97); Clark (2007, p.104-6).
[18] Como sublinhado em Malcolm (2002, p.200-1). Sobre a questão de saber qual artista concebeu o frontispício, cf. Bredekamp (1999, p.31-50).

representante soberano, em consequência do que os membros da multidão se tornam os Autores de todas as ações realizadas a partir desse momento em seu nome.[19]

Hobbes argumenta a seguir que autorizar um representante soberano tem por efeito converter os membros individuais da multidão em uma única Pessoa. Como afirma no capítulo 16, "uma multidão de homens torna-se uma pessoa quando estes são representados por um homem ou uma pessoa" (Hobbes, 1996, p.114). A razão dessa transformação é que, tão logo um indivíduo ou uma assembleia é autorizada a exercer o poder soberano, tudo que o soberano quer e ordena a seguir conta como a vontade de todos. Mas isso significa dizer que os membros da multidão, pela mediação de seu soberano, são agora capazes de querer e agir com uma voz singular. Pode-se dizer, portanto, que eles criaram "uma unidade real de todos, em uma única e mesma pessoa, realizada por uma convenção de cada um com cada um" (Hobbes, 1996, p.120).

Certamente isso não quer dizer que a Pessoa engendrada pela união da multidão é alguém real ou substancial. Antes, ela equivale, nas palavras de Hobbes, a nada mais que a uma Pessoa "por ficção" (Hobbes, 1996, p.113). Como enfatiza, "é a unidade daquele que representa, não a unidade do representado, que torna uma a pessoa", e "unidade não pode ser concebida em uma multidão sob uma outra forma" (Hobbes, 1996, p.114). Como Hobbes, contudo, reafirma no capítulo 17, o efeito sobre a multidão ao concordar em instituir um representante soberano é que "possa reduzir suas diversas vontades, por pluralidade de votos, a uma só vontade", o que "é o mesmo que dizer" que eles "designam um homem ou uma assembleia para representar suas pessoas" (Hobbes, 1996, p.120). Podemos agora falar da Pessoa da multidão, por oposição ao mero agregado de indivíduos que a compõem.

Como, então, designar essa Pessoa?[20] Conhecer a resposta permitirá identificar o verdadeiro titular da autoridade suprema que nossos representantes soberanos estão simplesmente autorizados

---

[19] Sobre a "apropriação" (*owning*) das ações dos representantes por aqueles que os designaram, cf. Hobbes (1996, p.112).
[20] Este e o parágrafo seguinte foram amparados em Skinner (2007a, p.173-5).

a exercer, e desse modo investidos do direito de fazê-lo. Hobbes revela-nos, finalmente, o segredo em uma passagem fundamental, esplendidamente ressonante, do capítulo 17, em que descreve o momento no qual a convenção política tem lugar. O nome geral da "multidão assim unida em uma única pessoa", declara ele agora, "é REPÚBLICA, em latim CIVITAS" (Hobbes, 1996, p.120). Ao que acrescenta que, quando usamos o termo "República", isso equivale a falar em Estado.[21]

Com essas afirmações, Hobbes está enfim apto a enunciar uma definição formal de República ou Estado. Um Estado, ele declara, é "Uma pessoa de cujos atos uma grande multidão, mediante pactos recíprocos uns com os outros, foi instituída por cada um como autora, de modo a ela poder usar a força e os recursos de todos, da maneira que considerar conveniente, para assegurar a paz e a defesa comum" (Hobbes, 1996, p.121). Mas Hobbes acredita também que a Pessoa da República ou do Estado, como o rebento de não importa que união legal, merece receber seu próprio nome individual. Levando até o fim a sua metáfora do casamento e da procriação, chega logicamente ao ato de batismo apropriado, anunciando, no seu tom mais grave, que "é esta a geração daquele grande *Leviatã*, ou antes (para falar em termos mais reverentes) daquele Deus Mortal, ao qual devemos, abaixo do Deus Imortal, nossa paz e defesa" (Hobbes, 1996, p.120).[22]

O frontispício do *Leviatã* procura justamente ilustrar com exatidão essa teoria sobre a relação entre os súditos individuais, a pessoa artificial do soberano e a *persona ficta* da República ou do Estado.[23] Hobbes, deve-se admitir, não consegue, em termos visuais, realizar completamente as complexidades de seu argumento. Ele observa repetidamente no curso de seu texto que o

---

[21] Cf. Hobbes (1996, p.9) onde esta equivalência é pela primeira vez observada.
[22] Malcolm (2007b) mostra que Hobbes está recorrendo aqui a uma tradição particular do comentário bíblico – tendo Jacques Boulduc como principal representante –, na qual a figura do "*Leviatã*" é utilizada para designar o nome de muitos que se tornam um só. As referências de Hobbes aos monstros marinhos também possuem significação emblemática, sobre a qual se pode consultar Farneti (2001).
[23] Sobre a concepção hobbesiana do Estado como uma "pessoa fictícia" (*person by fiction*), cf. Jaume (1983); Runciman (2000).

soberano é "a alma da República", a *anima* que serve a unificar e, portanto, a animar os membros desunidos da multidão ao falar e agir em seu nome (Hobbes, 1996, p.153).[24] Mas, se não resta dúvida de que o frontispício consegue comunicar que a pessoa artificial do soberano exerce o poder da população em seu conjunto, não é capaz de representar a ideia específica de uma força que o anima. Hobbes é obrigado a recorrer a uma figuração mais tradicional do soberano, qual seja, como a cabeça mais do que como a alma da República ou do Estado.

Contudo, Hobbes foi bem-sucedido ao criar uma representação constrangedora (e imensamente influente)[25] da autoridade suprema, que oferece um contraste fascinante com o frontispício do *Eikon Basilike*. Uma diferença cardeal é que, no esquema de Hobbes, não há nenhuma sugestão de que o poder de nossos governantes possa ser divino na origem nem no caráter. Pelo contrário, a cabeça do soberano, que cinge a coroa real, é mostrada elevando-se do corpo do povo, confirmando explicitamente a asserção de Hobbes no texto que o direito do soberano "procede" sempre de um pacto feito por seus súditos (Hobbes, 1996, p.246). Ao mesmo tempo, os indivíduos que se reuniram para se submeter à sua autoridade são retratados como constituindo os membros e o corpo do Estado, subvencionando desse modo o conjunto de sua força civil e militar. Assim, o soberano é mostrado devendo sua posição inteiramente ao suporte de seus súditos, e, se olharmos com mais atenção, veremos que ele está sustentado pelo conjunto da sociedade civil: com a presença de mulheres bem como de homens, e de crianças bem como de adultos, de soldados bem como de civis.[26] Uma vez mais, a imagem de Hobbes reflete muito de perto seu texto, no qual argumenta que todos os súditos "sustentam" o poder do soberano "sob" o qual eles convencionaram viver.[27]

---

[24] Cf. também Hobbes (1996, p.226-7, 230, 397).
[25] Sobre a influência da imagem, cf. Bredekamp (1999, p.131-7).
[26] Algumas crianças podem ser vistas no braço direito do *Leviatã*; próximo ao coração do *Leviatã*, um homem porta um elmo; os barretes (em vez dos chapéus) usados por alguns adultos sugerem que era possível a presença de mulheres.
[27] Hobbes (1996, p.128) refere-se à vida dos súditos "sob" (*live under*) as monarquias e as democracias; Hobbes (1996, p.200) fala de como os súditos *apoiam* (*uphold*) o poder do soberano.

Outro contraste, e não menos importante, é que Hobbes não manifesta o menor interesse pelas virtudes nem pelos direitos da pessoa do soberano. Em uma passagem da Epístola Dedicatória ao *Leviatã*, chama atenção de maneira explícita para esse caráter deliberadamente restritivo de sua concepção, ao assinalar que "não falo dos homens, mas (no abstrato) da sede do poder" (Hobbes, 1996, p.3). Tal como no texto, também na representação emblemática de seu argumento, a ênfase recai inteiramente sobre a ideia do poder efetivo, e, por conseguinte, sobre a capacidade de o soberano estar acima e mesmo de envolver seus súditos.[28] Se o rei, no frontispício do *Eikon Basilike*, permanece irrevogavelmente soberano mesmo na derrota, no *Leviatã*, a pessoa artificial do soberano a quem todo mundo "dirige o olhar" é representada acima de tudo como uma força protetora sem igual. É por esse seu poder completo que, como Hobbes sublinha no seu texto (citando Bodin), ele está apto a "mantê-los todos em reverência" (Hobbes, 1996, p.118).[29] Os súditos que compõem o corpo do Estado, alguns dos quais estão ajoelhados,[30] oferecem-se, com apropriada reverência, ao poderio de seu príncipe. Mas o que eles reverenciam é seu poder de lhes garantir segurança e paz.

O frontispício sugere que o Estado soberano deve sua capacidade para dominar seu território – tanto a cidade pequenina quanto o campo – ao fato que o representante soberano do Estado une em sua pessoa todos os elementos da autoridade, a eclesiástica como a civil. O último elemento é simbolizado pela espada em sua mão direita, o anterior pela cruz episcopal na esquerda. Ele é juiz em todas as causas tanto no campo espiritual quanto no temporal. A consequência, como o versículo do livro de Jó acima de sua cabeça proclama, é que "não há poder na terra que se lhe possa comparar".[31]

Essa figuração da multidão unida constituindo uma Pessoa sob a vontade de um soberano único atua por sua vez como uma força

---

[28] Para imagens análogas nas quais os súditos estão envoltos à guisa de proteção pelos mantos de seus príncipes, cf. Bredekamp (1999, p.82-3).
[29] Cf. Bodin (1606, 6.4, p.706) sobre ser "mantido em reverência" (*kept in awe*).
[30] Pelo menos duas figuras do braço direito dianteiro do *Leviatã* encontram-se ajoelhadas.
[31] Hobbes (1996, frontispício): "Non est potestas Super Terram quae Comparetur ei. Job 41.24".

unificante e pacificadora. Sob a paisagem ensolarada e pacífica, na qual assoma a pessoa artificial do soberano, vemos tendências potencialmente perturbadoras na forma de pretensões variadas à autoridade civil e eclesiástica, todas as quais, como o calembur visual de Hobbes acentua, precisam ser "mantidas sob" o poder do Estado **Leviatã**, a fim de que seus súditos fiquem protegidos e assegurados adequadamente. Essas tendências perturbadoras são ilustradas nos dois conjuntos de cinco painéis que somos convidados a, lendo-os horizontalmente, refletir sobre sua comparabilidade, bem como a, lendo-os verticalmente, refletir sobre sua capacidade cumulativa de perturbação.

Começando pelo alto, vemos à direita uma igreja e à esquerda um castelo com um canhão na fortificação cuspindo fogo. Sob a fortaleza, há um diadema, e sob a igreja uma mitra, símbolo dos que têm uma posição eclesiástica equivalente. Sob o diadema avistamos um canhão apontado diretamente sobre a "República eclesiástica e civil", ao passo que sob a mitra visualizamos uma representação convencional – popularizada pelos numerosos livros de emblema – de um *fulmen*, ou raio.[32] Esta última havia simbolizado originalmente a vingança de Júpiter, mas, como o próprio Hobbes nota no capítulo 24 do *Leviatã*, acabou por ser usada para significar a *Fulmen excommunicationis*, o "Raio da excomunhão", proclamado pela Igreja católica como um dos poderes do papa sobre os principados temporais (Hobbes, 1996, p.353).

Abaixo dessas imagens, um par de painéis grandes nos mostra, em um novo calembur visual, como essas pretensões ao poder são mantidas. Para escorar os anátemas da Igreja, há as armas afiadas e perigosas do arsenal verbal apresentadas aqui sob a forma das técnicas escolásticas do argumento bifurcado.[33] Essas últimas são mostradas para sustentar a afirmação segundo a qual,

---

[32] Cf., por exemplo, Coustau (1560, p.59); Camerarius (1605, Parte 1, fo. 37); Haecht Goidtsenhoven (1610, p.2); Schoonhovius (1618, emblema 56); Zincgref (1619, sig. N, 2ᵛ); Baudoin (1638, p.297, 339). O mais impressionante (tendo em vista que o livro se encontra no catálogo da biblioteca de Hardwick redigido por Hobbes) é que a mesma imagem aparece em Covarrubias (1610, fo. 101).

[33] Sobre o garfo triplo à esquerda, lê-se "Si/logis/mo" ("Sy/logis/me"); sobre o garfo duplo à direita, lê-se "Real/Intencional ("Real/Intentional"); sobre os chifres abaixo, "Dilema" ("Di/lem/ma").

como o escrito sobre as duas bifurcações do centro nos lembra, os poderes da Igreja podem ser tanto espirituais quanto temporais, e podem reclamar o controle tanto direto quanto indireto sobre os Estados.[34] No mesmo plano, e sustentando analogamente o canhão, vemos um equipamento de guerra igualmente afiado e perigoso na forma do clássico "troféu" – uma imagem comum nos livros de *emblemata*[35] – consistindo de sabres cruzados, mosquetes, picas e bandeiras, juntamente com um tambor para soar o chamado às armas.

O plano mais baixo mostra-nos o efeito cumulativo dessas fontes de desunião e de discórdia. Hobbes argumenta no capítulo 29 do *Leviatã* que uma causa de dissolução dos Estados é a falsa crença, propagada pelos doutores da Igreja Católica, segundo a qual "pode haver mais de uma alma (ou seja, mais de um soberano) em uma República". Eles defendem essa proposição, Hobbes continua, "trabalhando as mentes das pessoas, com palavras e distinções que em si mesmas não significam nada", mas que tendem a sugerir que os dirigentes da Igreja poderiam possuir o direito de "ter seus mandamentos respeitados como se fossem leis" (Hobbes, 1996, p.226-7). As conclusões que eles avançam são absurdas, baseadas como estão em nada melhor que "a escuridão das distinções escolásticas e dos termos abstrusos", mas a experiência tem demonstrado que é, todavia, fácil para uma Igreja criar "um partido suficiente para perturbar, e às vezes para destruir um Estado" (Hobbes, 1996, p.227).

O plano inferior à direita nos mostra essas forças destrutivas em ação.[36] Uma *disputatio* escolástica está se desenrolando, observada por duas fileiras de doutores portando o alto barrete quadrado que os distingue como padres da Igreja Católica.[37] Dos dois lados em disputa, um se exprime com a palma aberta da retórica enquanto o lado oposto segura um livro aberto. Independentemente da *Quaestio*

---

[34] Lê-se sobre o garfo frontal ao centro "Espiritual/Temporal" ("Spiritual/Temporal"); sobre o garfo oblíquo, "Direto/Indireto" ("Directe/Indirecte").
[35] Cf., por exemplo, Boissard (1593, p.13) (Figura 4); Oraeus (1619, p.56); Lipsius (1637, frontispício) (Figura 5).
[36] Neste ponto minha interpretação contrasta com a de Corbett e Lightbown (1979, p.228-9).
[37] Como observado em Corbett e Lightbown (1979, p.229).

sobre a qual discutem, eles suscitam em Hobbes, como declara no capítulo 29, as mais graves suspeitas e temores. "Quando o poder espiritual persuade os membros de um Estado" e, "por palavras estranhas e abstrusas, sufoca a compreensão das pessoas, semeia a incoerência nos espíritos, então, ou esmaga e oprime a República, ou a arremessa no fogo da guerra civil" (Hobbes, 1996, p.227-8). E, à esquerda, o plano inferior nos deixa ver a conflagração, daí resultante, acontecendo. Vemos também um campo de batalha com tropas da cavalaria carregando e atirando umas sobre as outras, enquanto ao fundo duas linhas opostas de soldados com picas estão prontos para colidir em uma carnificina em massa. Tal é o resultado final, Hobbes sugere graficamente, ao se permitir a divisão dos poderes espirituais e temporais que deveriam estar firmemente reunidos nas mãos do soberano.

Embora a realização visual de Hobbes de sua teoria da soberania seja surpreendentemente original, não é completamente sem precedente na literatura emblemática inglesa. Em 1635, a *Collection of Emblemes* [Coleção de emblemas] de George Wither incluíra uma representação da autoridade suprema contendo vários aspectos comparáveis (Figura 19) (Wither, 1635, p.179).[38] Whiter mostra igualmente uma figura coroada elevando-se sobre uma paisagem ensolarada e pacífica, e também representada – em um calembur algo grotesco – como completamente ou pesadamente armada. Como o soberano de Hobbes, ela une em sua pessoa todos os elementos da autoridade civil e eclesiástica, incluindo a espada da justiça em uma de suas mãos direitas e o raio da excomunhão em uma das esquerdas. O epigrama que a acompanha assegura-nos que, "onde as muitas forças *estão unidas, lá está* o poder invencível" (Wither, 1635, p.179).[39]

---

[38] A imagem de Wither, por sua vez, é uma adaptação da representação do gigante Gerião. Cf. Alciato (1550, p.47).
[39] Sobre o lugar do livro de emblemas de Wither na cultura da Corte na década de 1630, cf. Farnsworth (1999).

Where many-Forces *joyned are,*
Vnconquerable-pow'r, *is there*

19. Wither, George (1635). *A Collection of Emblemes, Ancient and Moderne*, London, p.179.

Entre as imagens de Whiter e as de Hobbes, há, contudo, um contraste importante decorrente do fato de que Hobbes está preocupado não apenas com a importância de se juntar forças disparatadas, mas com a necessidade de um laço político muito mais forte. Enquanto o emblema de Whiter ostenta as palavras "Concórdia Insuperável" na divisa latina ao redor de sua borda,[40] Hobbes sublinha no capítulo 17 do *Leviatã* que a convenção pela qual o Estado é instituído "é mais do que consenso, ou concórdia; é a unidade real de todas elas", dando origem à autoridade protetora mais poderosa que seja possível engendrar (Hobbes, 1996, p.120).

---

[40] Wither (1635, p.179): "Concordia Insuperabilis".

A consequência, Hobbes prossegue, é que o portador da soberania "tem o uso de um poder tão grande e forte a ele conferido que, por seu terror, ele está capacitado a conformar as vontades de todos, com vistas à paz interna e à ajuda mútua contra os inimigos externos" (Hobbes, 1996, p.120-1).

É essa concepção do Estado como uma força aterrorizadora e ao mesmo tempo protetora que o frontispício de Hobbes se esforça em representar. A moral transmitida pela imagem é clara e nula para o conforto da causa monarquista. A reverência com a qual vemos a população olhar para o soberano não é devida senão aos que contêm as forças perturbadoras, instaurando assim a segurança necessária para que seus súditos possam viver na prosperidade e em paz. Podemos talvez dizer do frontispício, o que Hobbes diz de seu inteiro tratado, que ele foi concebido "sem outro desígnio que o de colocar diante dos olhos dos homens a relação mútua que existe entre proteção e obediência" (Hobbes, 1996, p.491).

II

A argumentação de Hobbes em defesa da República inglesa que até agora estive retratando é amplamente pragmática. Como resume ao final do capítulo 21 do *Leviatã*, asseverando basicamente que "o fim da obediência é a proteção": se você é protegido, tem a obrigação de obedecer; se não mais está protegido, sua obrigação chegou ao fim (Hobbes, 1996, p.153). Mas ele está igualmente interessado em fundar sobre princípios sua defesa irênica da República inglesa; e, no *Leviatã*, leva a cabo esse projeto de duas maneiras conectadas, concluindo assim seu tratado com um acento muito mais elevado.

Hobbes impõe-se como primeira tarefa minar uma afirmação avançada por numerosos inimigos do Parlamento Rump sobre o papel presumido do consentimento na formação dos governos legítimos. Entre os que insistiam no sentido da indispensabilidade de um consenso explícito, o mais influente talvez tenha sido Edward Gee, um pregador presbiteriano bem conhecido e inimigo implacável dos Independentes, que publicou sua *Exercitation Concerning Usurped Powers* [Exercício sobre os poderes usurpados] no fim de 1649.[41] O tratado de Gee começa declarando que "o voto do povo é a voz de Deus", de sorte que "a única justificação legítima de uma pretensão ao governo" é a que se apoia no consenso da população por inteiro ([Gee], 1650, p. 2-3). Como ele, contudo, explica a seguir, a nova República inglesa não está baseada sobre um ato de consentimento desse tipo; originou-se de uma "irrupção injuriosa e forçada" envolvendo posse e conquista com violência ([Gee], 1650, p.10-1). Trata-se, portanto, de "pura usurpação, e isso em todas as dimensões do termo; e contra um governo legitimamente estabelecido" ([Gee], 1650, p.8). Não podemos, portanto, ter obrigação de obedecer às suas ordens, posto que o dever de fidelidade se destina não aos "intrusos violentos, mas aos magistrados oprimidos e violentamente expulsos" ([Gee], 1650, p.16). É até mesmo possível ser-nos reconhecido um dever positivo de desobediência, posto que obedecendo a um conquistador eu retiro "ao magistrado legítimo o direito que ele tinha sobre mim, e o injurio na fidelidade pela qual permaneço a ele ligado" ([Gee], 1650, p.10).

A resposta de Hobbes a essa linha de ataque se vale de um argumento desenvolvido originalmente em *Os elementos da lei natural e política*. Aí havia admitido que, se é a justo título que temos reduzida a nossa liberdade natural, essa redução somente pode ter lugar com nosso próprio consentimento; do contrário, seríamos reduzidos à condição não de súdito, mas de escravo (Hobbes, 1969a, 17.11, p.93; 22.3, p.128). Acrescentara, contudo, que, quando nos submetemos a um conquistador por medo da morte, damos efetivamente nosso consentimento: submetemo-nos voluntariamente com vistas a preservar nossa vida, e pode-se dizer, portanto, que estabelecemos uma convenção com o vitorioso que nos conquistou (Hobbes, 1969a, 22.2, p.128). No *Leviatã*, o desenvolvimento crucial é que Hobbes aplica agora esse argumento geral especificamente para defender o Parlamento Rump. Concorda, como anteriormente, que não podemos, sem nosso consenso, nos submeter a nenhuma forma legal de poder soberano. A razão, como agora declara, é que

---

[41] A página-título indica 1650 como o ano de sua publicação, mas na cópia de Thompson (British Library) esta data foi rabiscada e substituída por outra, a saber, "18 de dezembro de 1649" ("Decemb. 18th 1649"). Cf. também Wallace (1964, p.394-5).

"ninguém pode suportar qualquer obrigação que não emane de um ato próprio, pois todos os homens são, por natureza, igualmente livres" (Hobbes, 1996, p.150). Contudo, como antes, ele sublinha que, quando nos submetemos a um conquistador sob iminência de um golpe mortal, damos de fato nosso consentimento: realizamos um ato voluntário de submissão que tem por efeito nos impor, conscientemente, um dever de obediência.

Hobbes expõe as razões dessa sua conclusão no capítulo 20, onde examina o caso de uma associação civil dissolvida "por conquista, ou vitória na guerra" (Hobbes, 1996, p.141). Quando tal catástrofe ocorre, as pessoas se veem diante da morte ou do cativeiro, da execução ou da escravização nas mãos dos que conquistaram a vitória. Mas, ao mesmo tempo, abre-se ao vitorioso a oportunidade de oferecer uma alternativa aos vencidos. Em vez de mantê-los "aprisionados, ou acorrentados" até decidir o que fazer com eles, pode fazer deles seus servos, permitindo-lhes uma liberdade corporal e aceitando sua confiança pelo tempo que cada um deles prometer de "não fugir nem fazer violência ao seu senhor" (Hobbes, 1996, p.141).

Em outras palavras, o vencedor pode propor ao vencido uma escolha, e isso, por sua vez, significa que podemos imaginá-los deliberando sobre os termos da alternativa que se lhes oferece. O capítulo 20 do *Leviatã* nos mostra o processo de deliberação que poderia resultar. É provável que todo homem que pese os termos dessa alternativa concluirá que seu desejo primeiro é o "de evitar o iminente golpe mortal". Isso terá o efeito de formar sua vontade de tal maneira que o último apetite do mecanismo de decisão será o medo da morte, o qual, por sua vez, o determinará a escolher "submeter-se àquele a quem teme" (Hobbes, 1996, p.138, 141). O resultado mais provável será, portanto, uma decisão de tornar-se, de preferência, servo de seu conquistador que ser morto ou escravizado. Mas isso significa dizer que sua submissão é um ato de escolha, e, por conseguinte, que ele consente voluntariamente com os termos de sua submissão ao governo. Como Hobbes resume, todo mundo "pactua seja por palavras expressas, seja por outros sinais suficientes de sua vontade, que pelo tempo que durar sua vida, e a liberdade de seu corpo, o vencedor dele usará a seu bel--prazer" (Hobbes, 1996, p.141).

Com esse argumento, Hobbes está apto a pôr o dedo sobre o erro cometido por Edward Gee e outros pensadores presbiterianos que negavam que um governo legal pudesse ser fundado em um ato de conquista. Eles sustentam que o que outorga um direito de domínio sobre os que foram conquistados é o simples fato da vitória, e que, portanto, os vencidos jamais deram seu consentimento. Mas, como Hobbes pretendia ter mostrado, "não é, portanto, a vitória que dá o direito à dominação sobre os vencidos, mas sua própria convenção" (Hobbes, 1996, p.141). A razão pela qual um homem que foi conquistado contrata as obrigações de um verdadeiro súdito não é "por ter sido conquistado, ou seja, batido, capturado, ou posto em fuga"; é antes "por ter se rendido e submetido ao vitorioso", convencionando ser seu servo pelo tempo em que sua vida e sua liberdade são poupadas (Hobbes, 1996, p.141). Ele tem as obrigações de um verdadeiro súdito porque consentiu voluntariamente com os termos de sua própria submissão ao governo.

Na Revisão e Conclusão do *Leviatã*, Hobbes aplica esse argumento para montar uma defesa mais específica em favor dos que, como seu próprio empregador, o Conde de Devonshire, se "compuseram" para recuperar suas propriedades sequestradas. Devonshire fora para o exílio no começo da guerra civil, mas conseguiu recuperar sua propriedade desde 1645, depois de se submeter ao Parlamento e pagar uma multa.[42] Em contraste, vários líderes monarquistas – entre os quais o antigo amigo de Hobbes, Edward Hyde – se recusaram firmemente, ao longo de toda a década de 1650, a oferecer um tal reconhecimento e de se pôr a serviço do regime da República.[43] Refletindo sobre essas escolhas contrastantes, Hobbes, de maneira característica, alinha-se mais com a causa do realismo que do desafio. Como observa de maneira encorajadora, se um súdito é "protegido pelo partido adverso em troca de sua contribuição", deveria reconhecer que "essa contribuição (apesar de ser um fato de assistência ao inimigo) é em toda parte, enquanto algo inevitável, estimada lícita; uma submissão total, que

---

[42] Sobre os monarquistas que o compuseram, cf. Smith (2003, p.22-5, 108-9).
[43] Sobre esses fiéis súditos da monarquia, cf. Smith (2003, p.25-33, 109-14).

não é outra coisa que assistência ao inimigo, não pode ser estimada ilícita" (Hobbes, 1996, p.484-5). Ele até mesmo acrescenta, com uma torção engenhosa, que os que se recusam a compor, e consequentemente têm suas propriedades confiscadas, estão fazendo – é argumentável – mais mal à sua causa que os que se submetem. "Se um homem considera que os que se submetem assistem ao inimigo apenas com uma parte dos seus bens, enquanto os que se recusam o assistem com o todo, não há razão para chamar sua submissão, ou conciliação de assistência, mas antes de um prejuízo ao inimigo" (Hobbes, 1996, p.485).

Uma vez reformulada sua visão alargada do consentimento, Hobbes está pronto para tratar do outro aspecto de sua defesa irênica da República inglesa.[44] Ele passa a desdobrar seu argumento de maneira a mostrar que o governo do Parlamento Rump pode ser justificado em bases muito mais sólidas do que muitos de seus próprios propagandistas haviam suposto. Entre esses, talvez o mais proeminente tenha sido Marchmont Nedham, o editor do jornal oficial do governo,[45] que publicara em maio de 1650 *The Case of the Commonwealth of England, Stated* [O caso da República inglesa afirmado], uma réplica inflamada ao "muito magnífico panfleto" de Edward Gee.[46] Nedham admite que o presente governo se originou de um ato de conquista, e que seu título está "fundado meramente na força" (Nedham, 1969, p.28). Mas, contra a insistência de Gee na necessidade do consentimento popular, Nedham responde brutalmente que, "se unicamente um apelo vindo do povo constitui uma magistratura legal, então terão sido muito raras as magistraturas legais no mundo" (Nedham, 1969, p.37). A verdade é que, Nedham retruca, a conquista não é só o meio mais usual de

---

[44] Metzger (1991, p.153-6) corretamente observa que a associação hobbesiana, presente no *Leviatã*, entre proteção e obediência, não constituía algo inédito. Mas infere, a partir disso, que não há nada de original na defesa que Hobbes empreende do regime republicano. Como vimos, porém, Hobbes não está dizendo no *Leviatã* que é a proteção em si que gera a obrigação de obedecer, e sim que devemos dar também o nosso consentimento. Ademais, à diferença dos pensadores anteriores citados por Metzger, Hobbes afirma que o ato de consentir é compatível com o fato de ser conquistado.

[45] Sobre Nedham no papel de editor desse jornal (*Mercurius Politicus*), cf. Frank (1980, p.87-8); Barber (1998, p.191-3).

[46] Sobre a réplica de Nedham a Gee, cf. Nedham (1969, p.36).

fundar governos, mas concede aos conquistadores um direito bem como um poder a governar. "Um rei pode, portanto, por direito de guerra, se conquistado, perder sua parte e seus interesses na autoridade e no poder", e quando isso acontece "a totalidade da autoridade régia" é "absorvida pelo partido prevalecente" (Nedham, 1969, p.36). Uma vez chegado ao poder, o partido vencedor "erige a seguir o tipo de governo que bem lhe apraz estabelecer, e este é tão válido *de jure* como se tivesse obtido o consentimento de todo o povo" (Nedham, 1969, p.36). Assim, a conclusão de Nedham é que "o partido prevalecente atualmente na Inglaterra" tem um direito e um justo título a ser nosso governante" e que não só eles podem, como mesmo devem, ser obedecidos, por ter a conquista a eles concedido "um direito de dominação sobre o partido conquistado" (Nedham, 1969, p.28, 40).

É bem possível que Nedham fosse um dos publicistas a quem Hobbes tinha precisamente em mente quando passou a criticar esse argumento na Revisão e Conclusão do *Leviatã*.[47] Como deplora no começo de sua discussão, "Constato por diferentes livros ingleses recentemente publicados que as guerras civis não ensinaram o bastante para os homens saberem o instante em que um súdito se torna obrigado para com o conquistador; nem o que é conquistar; nem como acontece que ela obriga os homens a obedecer às suas leis (Hobbes, 1996, p.484). A objeção de Hobbes aos que acreditam que a conquista pode ser uma fonte de obrigação é que eles cometem o mesmo erro que seus adversários presbiterianos. Eles sustentam que é "a vitória por si mesma" que dá "um direito sobre a pessoa dos homens" (Hobbes, 1996, p.485). Como consequência, eles confundem a situação em que alguém é conquistado com aquela em que ele é simplesmente vencido. Eles não conseguem ver que "aquele que é assassinado é vencido, mas não conquistado" e que "aquele que é tomado, e posto na prisão, ou em cadeias, não é conquistado, apesar de vencido" (Hobbes, 1996, p.485).

Hobbes replica, como antes, que a única maneira que torna possível haver um direito de dominação sobre as pessoas dos

---

[47] Como sugerido em Hoekstra (2004, p.58).

homens é que consintam a ser governados.[48] "O instante em que um homem se torna súdito de um conquistador é aquele instante em que, tendo a liberdade de submeter-se a ele, consente, seja por palavras expressas, seja por outros sinais suficientes, a ser seu súdito" (Hobbes, 1996, p.484). Contudo, como no capítulo 20, a afirmação crucial de Hobbes é que, quando nos submetemos sob o espectro da morte, engajamo-nos voluntária e justamente em um tal ato de consentimento. Uma vez mais, o exemplo que oferece é o de alguém que "recebe a vida e a liberdade sob promessa de obediência" (Hobbes, 1996, p.485). Ele sublinha que considera que os que aceitam essas condições, a fim de evitar a morte ou a escravização, escolheram e, portanto, consentiram. Assim, a razão pela qual seu conquistador adquire direitos de soberania sobre eles é que pactuaram e, portanto, concordaram em aceitar sua autoridade. Como Hobbes agora afirma, eles não foram simplesmente vencidos, mas conquistados. Resumindo seu propósito, ele termina oferecendo-nos, pela primeira vez, uma definição formal do que significa ser conquistado. "*Conquista* é a aquisição do direito de soberania pela vitória". Esse direito é derivado não da própria vitória, mas da "submissão das pessoas", que elas sinalizam quando "contratam com o vencedor, prometendo obediência em troca da vida e da liberdade" (Hobbes, 1996, p.486).

Com essa conclusão ressonante, Hobbes chega ao seu ponto polêmico mais importante contra os que haviam defendido o Parlamento Rump com fundamentos meramente pragmáticos. Ele aceita, naturalmente, que o fato de ser protegido nos oferece sempre uma razão para prestar fidelidade a quem nos protege. Mas sua defesa, de longe a mais ambiciosa, do Parlamento Rump é que este merece ser obedecido conscientemente enquanto poder plenamente legal. Dos que aceitaram a sua proteção, recebendo em troca a preservação de sua vida e liberdade corporal, é possível ser dito que consentiram ser seus súditos por sinais suficientes. Mas

---

[48] Este é ponto sobre o qual dediquei pouca atenção em Skinner (2002a, v.3, p.264-86), conforme bem observou Hoekstra (2004, p.58-64). Poder-se-ia dizer o mesmo de minha análise em Skinner (2002a, v.3, p.228-37). Parece-me que um erro análogo fragiliza a ideia (presente em Tarlton, 1999) de que Hobbes simplesmente igualaria o poder ao direito.

isso, por sua vez, significa que eles têm agora um dever de consciência, e não simplesmente por motivos pragmáticos, de prestar a sua mais completa obediência ao governo. Eles estabeleceram um contrato com os vitoriosos, e porque "um contrato formado licitamente não pode ser quebrado licitamente", segue-se que todos estão agora "indubitavelmente obrigados a ser verdadeiramente súditos" (Hobbes, 1996, p.485).

Pouco depois de ter escrito essas palavras, Hobbes decidiu submeter-se pessoalmente ao novo governo.[49] Retornou a Londres, em janeiro de 1652, onde encontrou o Parlamento Rump e o Conselho de Estado dominados pela figura quase monárquica de Oliver Cromwell, triunfante depois da derrota final dos realistas na batalha de Worcester, em setembro de 1651. Em sua autobiografia, Hobbes lembra que "devia me reconciliar com o Conselho de Estado, e, feito isso, retirei-me imediatamente em paz completa para dedicar-me, como antes, aos meus estudos".[50] Mais especificamente, retomou o trabalho sobre o seu sistema de filosofia tripartido, que conseguiu enfim terminar, publicando a primeira parte como *De corpore* em 1655 e a segunda como *De homine* em 1658. Com essas obras realizou finalmente a ambição de toda sua vida de criar um sistema de filosofia baseado no pressuposto de que não há nada de real excetuando corpos em movimento. No seio desse sistema, o *Leviatã* encontrou seu lugar como o livro no qual ele acabou por conseguir mostrar que, quando nos referimos à liberdade dos corpos, não podemos falar de outra coisa a não ser da ausência dessa espécie de impedimentos externos que tornam impossível o movimento.

---

[49] Para maiores detalhes sobre o retorno de Hobbes à Inglaterra, cf. Skinner (2002a, v.3, p.21-3).
[50] Hobbes (1839b, p.xciii, linhas 230-2):

Concilio Status conciliandus eram.
Quo facto, statim summa cum pace recedo,
Et sic me studiis applico, ut ante, meis.

III

Na Epístola Dedicatória do *Leviatã*, Hobbes descreve a si mesmo como respondendo "de um lado aos que lutam por uma muito grande liberdade, e, de outro, aos que combatem por uma autoridade excessiva" (Hobbes, 1996, p.3). Se voltarmos agora e examinarmos a batalha que ele travou contra os proponentes de uma muito grande liberdade, podemos ver que seu ataque se deu em dois tempos. Inicialmente, argumentou que, uma vez que tenhamos compreendido o que se quer dizer por um homem livre, podemos ver que é igualmente possível viver como um homem livre sob qualquer tipo de Estado. Depois, acrescentou que, uma vez que tenhamos compreendido o conceito de Estado livre, podemos ver que todos os tipos de Estado podem ser, com igual justiça, designados como livres. Assim, o grande golpe retórico de Hobbes é sugerir que o clamor por liberdade promovido por toda a década de 1640 pelos autores republicanos e democráticos não chegou a ser mais que som e fúria, nada significando. Na época em que publicou o *Leviatã* latino, em 1668, sentiu-se apto a exprimir essa conclusão-chave no seu estilo mais desdenhoso. "Os rebeldes de nosso tempo", declara ele agora, "clamaram por liberdade quando era perfeitamente óbvio que dela continuaram a usufruir por todo o período em que se rebelaram".[51]

Assim, a estratégia global de Hobbes, ao tratar dos autores democráticos e dos outros teóricos da liberdade republicana, consiste em aceitar suas premissas básicas e então mostrar que conclusões completamente diferentes podem, igualmente, ser inferidas das mesmas. Que o *Leviatã* é justamente um exercício de ironia dramática, o que é deixado claro desde o início: somos informados na página-título que seu tema é: "a matéria, a forma e o poder de uma República" (Hobbes, 1996, p.1).[52] Essa fórmula suscitou muita ansiedade entre os contemporâneos de Hobbes que simpatizavam com seu compromisso para com as virtudes especiais das monarquias absolutas. Como Filmer lamentou-se, "teria gostado

---

[51] Hobbes (1841a, p.161): "libertatemque flagitarent hodie rebelles nostri, qui ea manifestissimi fruentes rebellaverunt". Cf. Hobbes (1996, p.147).
[52] Sobre a ironia dramática em Hobbes, cf. Skinner (2006a, p.253-4).

que o título do livro não fosse de uma República", porque "muitos homens ignorantes estão inclinados a compreender por esse nome República um governo popular" (Filmer, 1991, p.286).[53] É possível que Filmer tivesse razão, mas sua objeção não capta a ironia que atravessa toda a argumentação subsequente de Hobbes. O objetivo de Hobbes é persuadir-nos de que as monarquias absolutas não mereceriam menos o nome de República que o mais livre e o mais democrático dos Estados livres.

---

[53] Como observou Hoekstra (2006b, p.209), foi desse modo que o próprio Hobbes se referiu ao termo "República" (*commonwealth*) em *Os elementos da Lei*.

CONCLUSÃO

A concepção de liberdade que Hobbes, finalmente, formulou no *Leviatã* de 1651, e repetiu na versão latina de 1668, é rigorosa em sua simplicidade. Ser livre é simplesmente estar desimpedido para mover-se de acordo com os próprios poderes naturais, de tal sorte que agentes humanos carecem de liberdade de ação se, e somente se, algum impedimento externo tornar impossível a eles executar uma ação que, não fosse isso, estaria em seus poderes. A palavra LIBERDADE, como Hobbes resume, "significa (propriamente) ausência de oposição", e "oposição" significa nada mais que "impedimentos externos do movimento" (Hobbes, 1996, p.145).[1]

Sugeri que Hobbes desenvolveu essa linha argumentativa em reação consciente à teoria republicana da liberdade. De acordo com os teóricos republicanos, a liberdade humana é subvertida não apenas por atos de interferência mas também, e mais fundamentalmente, pela existência de um poder arbitrário. A simples presença de relações de dominação e de dependência no seio de uma associação civil é capaz de reduzir-nos do *status* de *liberi homines,* ou "homens livres", ao de escravos. Em outras palavras, não basta usufruir nossos direitos e liberdades cívicas nos fatos; se quisermos ser estimados como homens livres, é necessário usufruí-los de uma maneira particular. Não devemos nunca mantê-los simplesmente

---

[1] Cf. Hobbes (1841a, p.159): "Libertas significat proprie absentiam impedimentorum motus externorum".

pela graça ou boa vontade de outrem; devemos mantê-los sempre independentemente do poder arbitrário de alguém capaz de tirá-los de nós. Para Hobbes, em contraste, a liberdade é solapada não pelas condições de dominação e de dependência, mas somente por atos de interferência declarados. Assim, para Hobbes, é suficiente que para entrarmos na conta de homens livres usufruamos, nos fatos, de nossos direitos e liberdades; a simples presença de um poder arbitrário no seio de uma associação civil nada pode fazer para subverter nossa liberdade. "Quer uma República seja monárquica, quer popular, a liberdade é sempre a mesma" (Hobbes, 1996, p.149).

O esforço de Hobbes, que faz época, para desacreditar a teoria republicana da liberdade foi de início desdenhosamente recusado por seus protagonistas. Como James Harrington iria deplorar em sua *Oceana* de 1656, Hobbes, apesar de toda a irreverência com relação aos grandes autores da Antiguidade, nunca nos oferece demonstração alguma sobre a verdade de sua própria doutrina (Harrington, 1992, p.20).[2] Contudo, se passarmos da imediata recepção da teoria de Hobbes para o nosso mundo contemporâneo, encontraremos a situação inversa. É verdade que a afirmação mais característica de Hobbes – que a liberdade é solapada unicamente por impedimentos que tornam impossível o agir – tem sido vista geralmente como muito restritiva. A opinião mais corrente tem sido de que a coerção da vontade tanto quanto os obstáculos corporais devem ser reconhecidos suscetíveis de limitar nossa liberdade.[3] Contudo, ultimamente, mesmo a afirmação mais limitada de Hobbes tem gozado de uma voga considerável, pelo menos no pensamento jurídico e político de língua inglesa.[4] Se, ademais, nos concentrarmos em sua convicção fundamental – que a liberdade é simplesmente ausência de interferência –, descobriremos que ela é tratada amplamente como um artigo de fé. Considere-se, por exemplo, a discussão sobre a liberdade, mais influente da teoria

---

[2] Sobre Harrington como crítico de Hobbes, cf. Parkin (2007, p.177-85). Para uma análise da noção de liberdade dos republicanos ingleses às vésperas do *Leviatã* de Hobbes, cf. Scott (2004, p.151-69).
[3] Para a defesa e ilustração desta convicção, cf. Carter et al.(2007, p.249-320).
[4] Cf., por exemplo, Parent (1974); Steiner (1974-5); Taylor (1982, p.142-50); Carter (1999, p.219-34); Kramer (2003, p.150-271).

política de língua inglesa dos últimos cinquenta anos, o ensaio de Isaiah Berlin, "Os dois conceitos de Liberdade". Berlin toma como incontestável que o conceito de interferência deva ser central em qualquer explicação coerente da liberdade humana. Se vamos falar, como afirma, das restrições de nossa liberdade, devemos ser capazes de apontar para algum intruso, para algum ato de violação, algum impedimento ou obstáculo real que serve para inibir o exercício de nossos poderes (Berlin, 2001, p.204; cf. Skinner, 2002c, p.256).

É possível que o conjunto dessa tradição de pensamento tenha sido insensível ao amplo leque de condições que podem limitar nossa liberdade de ação? Os teóricos republicanos que examinei iriam certamente dizer isso. É verdade que sua preocupação principal não é com a liberdade de ação, mas antes com o contraste entre a independência do *liber homo,* ou homem livre, e o estado de dependência que nos designa como escravos.

Contudo, eles também estão preocupados com o que acontece aos escravos quando estes começam a refletir sobre sua condição de servidão, e nesse ponto eles têm outra afirmação a fazer sobre os constrangimentos que servem para solapar a liberdade. A percepção sobre a qual insistem é que a servidão alimenta o servilismo. Se você vive à mercê de outrem, você sempre terá os motivos mais fortes para não correr riscos. Em outras palavras, haverá muitas escolhas que você estará disposto a evitar, e muitas outras que você estará disposto a tomar, e o efeito cumulativo será a imposição de restrições consideráveis à sua liberdade de ação.

Entre os moralistas clássicos que meditaram sobre essa conexão entre escravidão e submissão servil, Tácito foi provavelmente quem exerceu a mais forte influência sobre os pensadores republicanos da liberdade do início da época moderna. Muitas passagens de seus *Anais* ilustram esse aspecto, sendo talvez a mais memorável aquela na qual ele lembra a conduta da classe senatorial sob o governo do imperador Tibério. O tom de desprezo áspero com que descreve seu comportamento foi finamente capturado por Richard Grenewey em sua tradução de 1598:

> Mas aqueles tempos estavam por demais corrompidos pela mais repugnante adulação: que não só os mais altos responsáveis pelo Estado se viam forçados a adotar essas maneiras servis para manter

sua reputação; como todos os que haviam sido Cônsules; a maior parte dos que haviam sido Pretores; e também muitos Senadores *pedari* se levantavam e se esforçavam em submeter ao voto as proposições as mais baixas e abjetas. Está escrito que Tibério, ao sair da Cúria, teria dito em grego – Oh homens, prontos à servidão! Como se ele, de todas as coisas, estivesse preocupado com a liberdade pública; ainda que desprezasse uma tal submissão abjeta e servil: cedeu pouco a pouco primeiro às bajulações impróprias e depois às práticas mais impudicas. (Tacitus, 1598, p.84)[5]

Para assegurar-se da complacência dos principais cidadãos de Roma, Tibério não teve necessidade de aludir à possibilidade de coerção, menos ainda de fazer circular qualquer ameaça de coerção. O fato de todos viverem na total dependência de sua vontade era suficiente por si só para garantir o servilismo que ele esperava e desprezava ao mesmo tempo.

O servilismo dos escravos, em contraste com a franqueza dos homens livres, não foi menos enfatizado pelos pensadores da Revolução inglesa, e por ninguém mais eloquentemente que John Milton em seus panfletos antimonárquicos. Seu *Readie and Easie Way to Establish a Free Commonwealth* [A forma ágil e fácil de estabelecer uma República livre], de 1660, trata a iminente restauração da monarquia inglesa como um retorno à servidão e pinta um quadro horrendo do servilismo a caminho. Há formas de conduta profundamente repreensíveis, observa de início Milton, que são quase impossíveis de ser evitadas pelos que vivem na servidão dos reis. Sem saber o que lhes pode acontecer, e desesperados para evitar a inimizade de seu príncipe, eles tendem a se comportar de maneira apaziguante e insinuante, exibindo "as perpétuas mesuras e bajulações de um povo abjeto" (Milton, 1980, p.425-6, 428). Ao mesmo tempo, outros comportamentos se revelam quase impossíveis de ser adotados. Nunca podemos esperar deles quaisquer palavras ou ações nobres, qualquer disposição de falar a verdade ao poder, qualquer aptidão para oferecer julgamentos francos e, com base neles, preparados para agir (Milton, 1980, p.428).

---

[5] Para uma discussão completa desta e de outras passagens semelhantes, cf. Skinner (2002c, p.258-61).

Para Milton, não menos que para Tácito, há numerosas limitações à nossa liberdade de ação que não procedem nem de impedimentos físicos, nem da coerção sobre a vontade, nem mesmo do medo de que tal coerção possa ser exercida. Para Hobbes, em contraste, falar dessas alegadas limitações é um exemplo típico do que gosta de descrever como conversa insignificante. Como vimos, no *Leviatã*, a essência de sua concepção mais meditada é que, se for o caso justificar a afirmação que a nossa liberdade foi solapada, devemos ser capazes de apontar algum impedimento identificável, cujo efeito é tornar alguma ação, que está em nosso poder realizar, impossível de ser executada.

Falar desse comprometimento é identificar a ponta de lança do assalto de Hobbes contra a teoria republicana da liberdade. Se refletirmos sobre o seu contra-ataque, e especialmente sobre sua influência histórica continuada, não temos como deixar de reconhecer que Hobbes venceu a batalha. Mas continua valendo a pena perguntar se ele venceu o argumento.

REFERÊNCIAS BIBLIOGRÁFICAS

Fontes manuscritas

Bakewell, Derbyshire, Chatsworth House

HARDWICK MS 64. Sem título. [Volume MS encadernado, 84p.Título da página de abertura: "The first booke of the Courtier". CAVENDISH, W. (trad. para o latim), segundo conde de Devonshire, do livro de abertura de Baldassare Castiglione, *Il libro del cortegiano,* com correções e acréscimos manuscritos empreendidos por Hobbes.]

HOBBES MS A.1. *Ad nobilissimum dominum Gulielmum Comitem Devoniae etc. De mirabilibus pecci, carmen Thomas Hobbes.*

HOBBES MS A.2. B. *The Elementes of Law Naturall and Politique.* [Cópia manuscrita (mesmo manuscrito presente em B. L. Harl. MS 4235); Epístola Dedicatória e inúmeras correções ao texto manuscritas por Hobbes.]

HOBBES MS A.3. *Elementorum philosophiae sectio tertia de cive.* [Exemplar de lançamento na forma de pergaminho com Epístola Dedicatória assinada por Hobbes.]

HOBBES MS A.6. Sem-título. [MS de *Vita carmine expressa,* 10p., a maior parte das mãos de James Wheldon, correções feitas por Hobbes.]

HOBBES MS D.1. *Latin Exercises.* [Volume MS encadernado. *Ex Aristot: Rhet.* p.1-143, com correções de Hobbes; extratos da *Epítome de Tito Lívio* de Florus, p.160-54, *rev.*]

HOBBES MS E.1.A: Sem título. [Volume MS encadernado, 143p., 5p. em branco ao final; *Old Catalogue on spine.* Catálogo da biblioteca de Hardwick, compilada em sua maior parte por volta de 1628, quase que integralmente pelas mãos de Hobbes.]

London, British Library

EGERTON MS 1910. *Thomas Hobbes, Leviathan Or the Matter, Forme and Power of a Common-wealth Ecclesiastical and Civil.* [Exemplar de lançamento no formato de pergaminho.]

HARL. MS 4235. *Thomas Hobbes. The Elements of Law, Naturall and Politique* [Cópia manuscrita; correções manuscritas de Hobbes.]

Oxford, St. John's College

MS 13: *Behemoth or The Long Parliament. By Thomas Hobbes of Malmsbury.* [Cópia corrigida à mão, de James Wheldon, acréscimos e supressões manuscritas por Hobbes.]

Paris, Bibliothèque Nationale

FONDS LATIN MS 6566: Sem título. [MS da crítica de Hobbes a *De Mundo*, de White; *Hobs* on spine; sem indicação de título na página.]

Fontes primárias impressas

ALCIATO, A. *Emblemata*. Lyon, 1550.

ALCIATO, A. *Emblemata cum commentariis amplissimis*. Pádua, 1621.

ALCIATO, A. *Emblemata: Lyons, 1550*. I. Knott (trad.). John Manning (intro.). Aldershot, 1996.

ALTHUSIUS, J. *Política methodica digesta*. C. J. Friedrich (org.). Cambridge, Mass, 1932.

ARBER, E. (ed.). *A Transcript of the Registers of the Company of Stationers of London, 1554-1640 AD,* 5v., London and Birmingham, 1875-94.

ARISTÓTELES. *The Ethiques of Aristotle.* WILKINSON, J. (trad.). London, 1547.

Livros

Politiques, or Discourses of Government. Tradução inglesa de I. D., London, 1598.

ARRIAGA, R. de. Tractatus de actibus humanis. In: *Disputationes theologicae*. Antwerp, v.3, 1643-55, p.1-310.
AUBREY, J. *"Brief Lives", chiefly of Contemporaries, set down by John Aubrey, between the years 1669 & 1696*. CLARK, A. (org.). 2v., Oxford, 1898.
[AYLMER, J.]. *An Harborowe for Faithfull and Trewe Subjectes*. Strasbourg, 1559.
BAUDOIN, J. *Recueil d'emblemes divers*. Paris, 1638.
BÈZE, T. de. *Du droit des magistrats*. KINGDON, R. M. (org.). Geneva, 1970.
BOCCHI, A. *Symbolicarum quaestionum*. Bologna, 1574.
BODIN, J. *Les six livres de la république*. Paris, 1576.
BODIN, J. *De republica libri sex*. Paris, 1586.
BODIN, J. *The Six Bookes of a Commonweale... done into English, by Richard Knolles*. London, 1606.
BOISSARD, J. J. *Emblematum liber*. Frankfurt, 1593.
BRACTON, H. de. *De legibus et consuetuninibus Angliae, libri quinque*. London, 1640.
[BRAMHALL, J.]. *The Serpent Salve*, n.p. 1643.
BRUCK, J. *Emblemata politica*. Strasbourg, 1618.
CAMERARIUS, J. *Symbolorum et emblematum centuriae tres*. Leipzig, 1605.
CASTIGLIONE, B. *The Courtyer of Count Baldessar Castilio... done into English by Thomas Hoby*. London, 1561.
CATS, J. *Proteus, ofte Minne-beelden verandert in sinne-beelden*. Rotterdan, 1627.
[CHARLES I]. *His Majesties Answer to the XIX Propositions of Both Houses of Parliament*. London, 1642.
[CHARLES I]. *King Charls his Speech Made upon the Scaffold*, London, 1649.
CICERO. *De officiis*. MILLER, W. (trad. e org.). London, 1913.
CLARENDON, E. *A Brief View and Survey of the Dangerous and pernicious Errors to Church and State. In: Mr. Hobbes' Book, Entitled Leviathan*. Oxford, 1676.
COBBET, W.; HANSARD, T. C. (eds.). *The Parliamentary History of England, from the Earliest Period to the Year 1803*. v.2. AD 1625-1642, London, 1807.
CONTARINI, G. *De magistratibus S republica venetor*. Paris, 1543.
CONTARINI, G. *The Common-wealth and Government of Venice*. LEWKENOR, L. (trad.). London, 1599.
COPE, E. S.; COATES, W. H. (orgs.). *Proceedings of the Short Parliament of 1640*. London, 1977.
COUSTAU, P. *Le pegme de Pierre*. Lyons, 1560.

COVARRUBIAS, S. de. *Emblemas Morales*. Madrid, 1610.
CRAMER, D. *Emblemata moralia nova*. Frankfurt, 1630.
DAVIES, J. An account of the Author. In: *Hierocles upon the Golden Verses of Pythagoras... Englished by J. Hall*. London, sig. a, 8^r to sig. A, 3^v, 1657.
DAVIES, J. *A Declaration of the Parliament of England, Expressing the Grounds of their late Proceedings, And of Setling the present Government in the way of a Free State*. London, 1649.
ERASMUS, D. *A booke called in latyn Enchiridion militis christiani and in englysshe the manuell of the christen knight*. London, 1533.
EUCLID. *The Elements of Geometrie*. BILLINGSLEY, H. (trad.). London, 1571.
FILMER, sir R. *Patriarcha and Other Writings*. SOMMERVILLE, J. (org.). Cambridge, 1991.
FOSTER, E. R. (ed.). *Proceedings in Parliament 1610*. 2v. New Haven, Conn, 1966.
GARDINER, S. R. (org.). *The Constitutional Documents of the Puritan Revolution 1625-1660*, 3.ed. Oxford, 1906.
[GAUDEN, J.]. *Eikon Basilike:* The Pourtraicture of His Sacred Majestie in his Solitudes and Sufferings. London, 1649.
[GEE, E.]. *An Exercitation Concerning Usurped Powers*. n.p. 1650.
GIBSON, S. (org.). *Statua antiqua Universitatis Oxoniensis,*. Oxford, 1931.
GOODWIN, J. *Anti-Cavalierisme*. London, 1642.
GREEN, M. A. E. (org.). *Calendar of State Papers, Domestic Series, 1649-1650*. London, 1875.
HAECHT GOLDTSENHOVEN, L. van. *Microcosmos:* parvus mundus. Amsterdam, 1610.
HALL, J. *The Arraignment of Licentious Libertie, and Oppressing Tyrannie*. London, 1650.
HARIOT, T. *A briefe and true report of the new found land of Virginia*. Frankfurt, 1590.
HARRINGTON, J. *The Commonwealth of Oceana*. J.G.A. Pocock (org.). Cambridge, 1992.
HAYWARD, J. *An Answer to the First Part of a Certaine Conference, Concerning Succession*. London, 1603.
HOBBES, T. *Eight Bookes of the Peloponnesian Warre Written by Thucydides ... Interpreted ... By Thomas Hobbes*. London, 1629.
HOBBES, T. *Elementorum philosophiae sectio tertia de cive*. Paris, 1642.
HOBBES, T. *Humane Nature:* Or, The fundamental Elements of Policie. London, 1650a.
HOBBES, T. *De corpore politico. Or The Elements of Law, Moral & Politick*. London, 1650b.

HOBBES, T. *Leviathan, or the Matter, Forme, & Power of a Common-wealth Ecclesiasticall and Civill.* London, 1651.

HOBBES, T. *T. Hobbes malmesburiensis vita.* In: *Thomae Hobbes malmesburiensis opera philosophica quae latine scripsit omnia,* MOLESWORTH, sir W. (org.). 5v. 1839-45, v.1. London, 1893a. p.xiii-xxi.

HOBBES, T. *Thomae Hobbes malmesburiensis vita carmine expressa in Opera philosophica,* v.1. London: Molesworth, 1893b. p.lxxxi-xcix.

HOBBES, T. *Of Liberty and Necessity.* In: *The English Works of Thomas Hobbes of Malmesbury.* 11v., 1839-45. London: Molesworth, 1840a p.229-78.

HOBBES, T. *Considerations upon the Reputation, Loyalty, Manners, and Religion, of Thomas Hobbes of Malmesbury.* In: *The English Works.* v.4. London: Molesworth 1840b, p.409-40.

HOBBES, T. *Leviathan, sive de matéria, forma, & potestate civitatis ecclesiasticae et civilis.* In: *Opera philosophica.* v.3. London: Molesworth, 1841a.

HOBBES, T. *The Questions Concerning Liberty, Necessity, And Chance.* In: *The English Works* vol. v.5. London: Molesworth, 1841b, p.1-455.

HOBBES, T. *Eight Books of the Peloponnesian War* [Livros 1 a 4]. In: *The English Works.* v.8. London: Molesworth, 1843a.

HOBBES, T. *Eight Books of the Peloponnesian War* [Livros 5 a 8]. In: *The English Works.* v.9. London: Molesworth, 1843b.

HOBBES, T. *De mirabilibus pecci, Carmen.* In: *Opera philosophica.* v.5. London: Molesworth, 1845a p.323-40.

HOBBES, T. *Six Lessons to the Professors of the Mathematics.* In: *The English Works,* v.7. London: Molesworth, 1845b. p.181-356.

HOBBES, T. *The Elements of Law Natural and Politic.* 2.ed. TÖNNIES, F. (org.). GOLDSMITH, M. M. (intro.). London, 1969a. [*Os elementos da lei natural e política.* São Paulo: Martins Fontes, 2010.]

HOBBES, T. *Behemoth or the Long Parliament.* 2.ed. TÖNNIES, F. (org.). GOLDSMITH, M. M. (intro.). London, 1969b.

HOBBES, T. *Critique du De Mundo de Thomas White.* JACQUOT, J.; JONES, J. W. (orgs.). Paris, 1973.

HOBBES, T. *De cive:* The Latin Version, (1598). WARRENDER, H. (org.). v.2. Oxford: The Clarendon Edition, 1983.

HOBBES, T. *The Correspondence.* MALCOLM, N. (org.). v.6 e 7. Oxford: The Clarendon Edition, 1994.

HOBBES, T. *Leviathan, or The Matter, Forme, & Power of a Commonwealth Ecclesiasticall and Civill.* Richard Tuck (org.). Cambridge, 1996.

HOBBES, T. *On the Citizen.* TUCK, R.; SILVERTHORNE, M. (orgs. e trads.). Cambridge, 1998.

HOBBES, T. *Writings on Common Law and Hereditary Right.* CROMARTIE, A.; SKINNER, Q. (orgs. e trads.). Oxford, 2005.

HOLTZWART, M. *Emblematum Tyracinia.* Strasbourg, 1581.
JOHNSON, R. C.; COLE, M. J. (orgs.). *Commons Debates* 1628, v.2. 17 *March-19 April* 1628, New Haven, Conn, 1977a.
JOHNSON, R. C.; KEELER, M. F.; COLE, M. J.; BIDWELL, W. B. (orgs.). *Commons Debates* 1628, v. 3. *21 April-27 May* 1628. New Haven, Conn, 1977b.
Journals of the House of Commons. From April the 13th, 1640 ... to March the 14th, 1642. London, 1642.
JUNIUS, F. *The Painting of the Ancients.* London, 1638.
JUNIUS, H.. *Emblemata.* Antwerp, 1566.
KLEPPISIUS, G. *Emblemata varia.* n.p. 1623.
LA FAYE, A. *Emblemata et epigrammata miscellanea.* Geneva, 1610.
LA PERRÈRE, G. de. *The Theater of Fine Devices, Containing an Hundred Morall Emblemes.* London, 1614.
[LILBURNE, J.]. *The Free-mans Freedome Vindicated.* London, 1646a.
[LILBURNE, J.]. *Liberty Vindicated against Slavery.* London, 1646b.
LIPSIUS, J. *Sixe Bookes ol Politickes or Civil Doctrine.* JONES, J. (trad.). London, 1594.
LIPSIUS, J. *Opera omnia.* 4v. Antwerp, 1637.
LIVY. *The Romane Historie Written by T. Livius of Padua.* HOLLAND, P. (trad.). London, 1600.
LODGE, T. *The Workes of Lucius Annaeus Seneca Newly Inlarged and Corrected.* London, 1620.
LUCIAN. *Heracles.* In *Lucian.* HARMON, A. M.et al. (org. e trad.). v.1. London, 1913, p.61-70.
MACHIAVELLI, N. *Machiavels Discourses Upon the First Decade of T. Livius.* DACRES, E. (trad.). London, 1636.
MARSH, J. *An Argument or Debate in Law.* London, 1642.
MAYNWARING, R. *Religion and Alegiance.* In: *Two Sermons Preached before the Kings MaJestie.* London, 1627.
MEISNER, D. *Thesaurus philo-politicus.* Frankfurt, 1623.
MILTON, J. *Eikonoklastes* in *Complete Prose Works,* v.3. 1648-1649. HUGHES, M. Y. (org.). New Haven, Conn. 1962. p.335-601.
MILTON, J. *The Readie and Easie Way to Establish a Free Commonwealth.* In: *Complete Prose Works of John Milton.* v.7. AYERS, R. W. (rev. e org.). New Haven, Conn. 1980. p.407-63.
MILTON, J. *Political Writings.* DZELZAINIS, M. (org.). Cambridge, 1991.
MOMMSEN T.; KRUEGER, P. (eds.). *Digest of Justinian,* WATSON, A. (trad.) 4v. Philadelphia, Pa, 1985.
MONTENAY, G. de. *Emblemes ou devises chrestiennes.* Lyons, 1571.
NEDHAM, M. *The Case of the Commonwealth of England, Stated.* KNAEHEL, P. A. (org.). Charlottesville, Va, 1969.

ORAEUS. Hs. *Viridarium hieroglyphico-morale.* Frankfurt, 1619.
[OVERTON, Ri.]. *The Commoners Complaint.* n.p. 1646.
[OVERTON, Ri.]. *An Appeale From the degenerate Representative Body ... To the Body represented.* London, 1647.
PARADIN, C. *Devises heroiques.* Lyons, 1557.
[PARKER, H.]. *The Case of Shipmony briefly discoursed.* London, 1640.
[PARKER, H.]. *Observations upon some of His Majesties late Answers and Expresses.* London, 1642.
PEACHAM, H. *Minerva Britanna Or a Garden of Heroical Devises, furnished, and adorned with Emblemes and Impresa's of Sundry Natures.* London, 1612.
PLUTARCH. *The Lives of the Noble Grecians and Romanes, Compared.* NORTH, T. (trad.). London, 1579.
[PONET, J.]. *A Shorte Treatise of Politike Power.* Strasbourg, 1556.
PRYNNE, W. *The Soveraigne Power of Parliaments and Kingdomes:* Divided into Foure Parts. London, 1643.
PYNSON, R. (org.). *Magna Carta.* London, 1508.
QUINTILIAN. *Institutio oratoria.* 4v. BUTLER, H. E. (org. e trad.). London, 1920-2.
REUSNER, N. *Emblemata.* Frankfurt, 1581.
RIPA, C. *Iconologia.* Padua, 1611.
RUTHERFORD, S. *A Free Disputation Against Pretended Liberty of Conscience.* London, 1649.
SAMBUCUS, J. *Emblemata.* Antwerp, 1566.
SCHOONHOVIUS, F. *Emblemata.* Gouda, 1618.
SENECA. *Epistulae Morales.* GUMMERE, R. M. (org. e trad.). 3v. London, 1917-25.
SIMEONI, G. *Symbola heroica.* Antwerp, 1562.
SMITH, sir T. *De republica Anglorum.* DEWAR, M. (org.). Cambridge, 1982.
A Soveraigne Salve to Cure the Blind. London, 1643.
SUAREZ, F. *On Efficient Causality.* FREDDOSO, A. J. (trad.). New Haven, Conn, 1994.
SUETONIUS. *The Historie of Twelve Caesars Emperors of Rome.* HOLLAND, P. (trad.). London, 1606.
TACITUS. *The Annales of Cornelius Tacitus.* GRENEWEY, R. (trad.). London, 1598.
VÁZQUEZ DE MENCHACA, F. *Controversiarum illustrium aliarumque usu frequentium libri tres.* ALCALDE, D. F. R. (org.). 3v., Valladolid, 1931-3.
Vindiciae, contra tyrannos. Edinburgh, 1579.

WHITNEY, A Choice of Emblemes, and Other Devises. Leiden, 1586.
WITHER, G. A Collection of Emblemes, Ancient and Moderne. London, 1635.
WOOD, A. Athenae Oxonienses. 2v. London, 1691-2.
ZINCGREF, J. Emblematum ethico-politicorum. Frankfurt, 1619.

Fontes secundárias impressas

ADAMS, A. Webs of Allusion: French Protestant Emblem Books of the Sixteenth Century. Geneva, 2003.
ARMITAGE, D. Hobbes and the Foundations of Modern International Thought. In: Rethinking the Foundations of Modern Political Thought. BRETT, A.; TULLY, J. (orgs.). Cambridge, 2006. p.219-35.
ATHERTON, I. Ambition and Failure in Stuart England: The Career of John, First Viscount Scudamore. Manchester, 1999.
BALDWIN, T. W. William Shakspere's "Small Latine & Lesse Greeke". 2v. Urbana, Ill, 1944.
BARBER, S. Regicide and Republicanism: Politics and Ethics in the English Revolution, 1646-1659. Edinburgh, 1998.
BAUMGOLD, D. Hobbes's Political Theory. Cambridge, 1988.
BAUMGOLD, D. When Hobbes Needed History. In: Hobbes and History. ROGERS, G. A. J.; SORELL, T. (orgs.). London, 2000. p.25-43.
BAUMGOLD, D. The Composition of Hobbes's Elements of Law. History of Political Thought 25. 2004, p.16-43.
BEAL, P. Index of English Literary Manuscripts, v.II: 1625-1700, Part I, Behn-King. London, 1987.
BERLIN, I. Liberty. HARDY, H. (org.). Oxford, 2001.
BERNARD, G. W. War, Taxation and Rebellion in Early Tudor England: Henry VIII, Wolsey and the Amicable Grant of 1525. Brighton, 1986.
BIANCA, M. Dalla natura alla società: saggio sulla filosofia politico-sociale di Thomas Hobbes. Padua, 1979.
BLYTHE, J. M. Ideal Government and the Mixed Constitution in the Middle Ages. Princeton, N. J, 1992.
BRANDT, F. Thomas Hobbes' Mechanical Conception of Nature. London, 1928.
BREDEKAMP, H. Thomas Hobbes Visuelle Strategien. Berlin, 1999.
BRETT, A. S. Liberty, Right and Nature: Individual Rights in Later Scholastic Thought. Cambridge, 1997.
BRUGGER, B. Republican Theory in Political Thought: Virtuous or Virtual. Basingstoke, 1999.
BRUNT, P. A. The Fall of the Roman Republic and Related Essays. Oxford, 1988.

BURGESS, G. *The Politics of the Ancient Constitution: An Introduction to English Political Thought, 1603-1642*. London, 1992.

CARTER, I. *A Measure of Freedom*. Oxford, 1999.

CARTER, I.; KRAMER, M.; STEINER, H. (orgs.). *Freedom: A Philosophical Anthology*. Oxford, 2007.

CLARK, S. *Vanities of the Eye: Vision in Early Modern European Culture*. Oxford, 2007.

COFFEY, J. *John Goodwin and the Puritan Revolution: Religion and Intellectual Change in Seventeenth-Century England*. Woodbridge, 2006.

COLCLOUGH, D. Better Becoming a Senate of Venice? The "Addled Parliament" and "Jacobean Debates on Freedom of Speech". In: *The Crisis of the Addled Parliament: Literary and Historical Perspectives*. Aldershot, 2003. p.51-79.

COLLINS, J. R. *The Allegiance of Thomas Hobbes*. Oxford, 2005.

CORBETT, M.; LIGHTBOWN, R. *The Comely Frontispiece: The Emblematic Title-page in England 1550-1660*. London, 1979.

DAMROSCN, L. Hobbes as Reformation Theologian: Implications of the Free-Will Controversy. *Journal of the History of Ideas* 40. 1979. p.339-52.

DZELZAINIS, M. Edward Hyde and Thomas Hobbes's *Elements of Law, Natural and Politic*. *Historical Journal* 32. 1989. p.307-17.

FARNETI, R. The "Mythical Foundation" of the State: Leviathan in Emblematic Context. *Pacific Philosophical Quarterly* 82. 2001. p.362-82.

FARNSWORTH, J. "An *equal*, and a *mutuall flame*": George Wither's *A Collection of Emblemes* 1635 and Caroline Court Culture. In: *Deviceful Settings: The English Renaissance Emblem and its Contexts*. BATH, M.; RUSSEIL, D. (orgs.). New York, 1999. p.83-96.

FATTORI, M. La filosofia moderna e il S. Uffizio: "Hobbes Haereticus Est, et Anglus". *Rivista di storia della filosofia* 1. 2007. p.83-108.

FERRARIN, A. *Artificio, desiderio, considerazione di sè: Hobbes e i fondamenti anthropologici della politica*. Pisa, 2001.

FOISNEAU, L. *Hobbes et la toute-puissance de Dieu*. Paris, 2000.

FRANK, J. *Cromwell's Press Agent: A Critical Biography of Marchamont Nedham, 1620-1678*. Lanham, Md, 1980.

FUKUDA, A. *Sovereignty and the Sword: Harrington, Hobbes, and Mixed Government in the English Civil Wars*. Oxford, 1997.

GAUTHIER, D. P. *The Logic of Leviathan: The Moral and Political Theory of Thomas Hobbes*. Oxford, 1969.

GOLDSMITH, M. M. Hobbes on Liberty, *Hobbes Studies* 2. 1989. p.23-39.

GOLDSMITH, M. M. Republican Liberty Considered. *History of Politieal Thought* 21. 2000. p.543-59.

HALLDENIUS, L. Locke and the Non-Arbitrary. *European Journal of Political Theory* 2. 2002. p.261-79.

HAMILTON, J. J. Hobbes's Study and the Hardwick Library. *Journal of the History of Philosophy* 16. 1978. p.445-53.

HARWOOD, J. T. Introdução a *The Rhetorics of Thomas Hobbes and Bernard Lamy*. Carbondale and Edwardsville, Ill. 1986. p.1-32.

HIRSCHMANN, N. J. *The Subject of Liberty: Toward a Feminist Theory of Freedom*. Princeton, N.J., 2003.

HOEKSTRA, K. The Savage, the Citizen and the Foole: The Compulsion for Civil Society in the Philosophy of Thomas Hobbes, D Phil., University of Oxford, 1998.

HOEKSTRA, K. Tyrannus Rex vs. Leviathan. *Pacific Philosophical Quarterly* 82. 2001. p.420-45.

HOEKSTRA, K. *The de facto* Turn in Hobbes's Political Philosophy. In: *Leviathan After 350 Years*. SORELL, T.; FOISNEAU, L. (orgs.). Oxford, 2004. p.33-73.

HOEKSTRA, K. The End of Philosophy (The Case of Hobbes). *Proceedings of the Aristotelian Society* 106. 2006a. p.23-60.

HOEKSTRA, K. A Lion in the House: Hobbes and Democracy. In: *Rethinking the Foundations of Modern Political Thought*. BRETT, A.; TULLY, J. (orgs.). Cambridge, 2006b. p.191-218.

HONOHAN, I. *Civic Republicanism*. London, 2002.

HOOD, F. C. The Change in Hobbes's Definition of Liberty. *Philosophical Quarterly* 17. 1967. p.150-63.

HÜNING, D. *Freiheit und Herrschaft in der Rechtsphilosophie des Thomas Hobbes*. Berlin, 1998.

JACOB, J. R.; RAYIOR, T. Opera and Obedience: Thomas Hobbes and *A Proposition for Advancement of Moralitie* by Sir William Davenant. *The Seventeenth Century 6*. 1991. p.205-50.

JACQUOT, J.; JONES, H. W. Introdução a *Thomas Hobbes: Critique du De Mundo de Thomas White*. Paris. 1973. p.9-102.

JAMES, S. *Passion and Action: The Emotions in Seventeenth-Century Philosophy*. Oxford, 1997.

JAUME, L. La théorie de la "personne fictive" dans le *Léviathan* de Hobbes. *Revue française de science politique* 33. 1983. p.1009-35.

KELSEY, S. *Inventing a Republic: The Political Culture of the English Commonwealth 1649-1653*. Manchester, 1997.

KRAMER, M. On the Unavoidability of Actions: Quentin Skinner, Thomas Hobbes, and the Modern Doctrine of Negative Liberty, *Inquiry* 44. 2001. p.315-30.

KRAMER, M. *The Quality of Freedom*. Oxford, 2003.

KRISTELLER, P. O. *Renaissance Thought: The Classic, Scholastic, and Humanist Strains*. New York, 1961.

KUPPERMAN, K. O. *Settling with the Indians: The Meeting of English and Indian Cultures in America, 1580-1640*. Totowa, N. J., 1980.

LEIJENHORST, C. *The Mechanisation of Aristotelianism: The Late Aristotelian Setting of Thomas Hobbes Natural Philosophy*. Brill, 2002.

LESSAY, F. Introdução a *De la liberté et de la nécessité*. Paris, 1993. p.29-54.

Lloyd, S. A. *Ideals as Interests in Hobbes's Leviathan: The Power of Mind over Matter*. Cambridge, 1992.

MACDONALD, H.; HARGREAVES, M. *Thomas Hobbes: A Bibliography*. London, 1952.

MADAN, F. F. *A New Bibliography of the Eikon Basilike of King Charles the First*. London, 1950.

MALCOLM, N. Biographical Register of Hobbes's Correspondents. In: *The Correspondence of Thomas Hobbes*. MALCOLM, N. (org.). v.2. Oxford, 1994. p.777-919.

MALCOLM, N. *Aspects of Hobbes*. Oxford, 2002.

MALCOLM, N. *Reason of State, Propaganda, and the Thirty Years' War: An Unknown Translation by Thomas Hobbes*. Oxford, 2007a.

MALCOLM, N. The Name and Nature of Leviathan: Political Symbolism and Biblical Exegesis. *Intellectual History Review* 17. 2007b. p.21-39.

MANNING, J. Geffrey Whitney's Unpublished Emblems: Further Evidence of Indebtedness to Continental Traditions. In: *The English Emblem and the Continental Tradition*. DALY, P. M. (org.). New York, 1988. p.83-107.

MARTINICH, A. P. *The Two Gods of Leviathan: Thomas Hobbes on Religion and Politics*. Cambridge, 1992.

MARTINICH, A. P. *Hobbes: A Biography*. Cambridge, 1999.

MARTINICH, A. P. Hobbes's Reply to Republicanism. In: *Nuove prospettive critiche sul Leviatano di Hobbes*. Luc-Foisneau e George Wright (orgs.). Milan, 2004. p.227-39.

MARTINICH, A. P. *Hobbes*, London. 2005.

MAYNAR, J. Another Instrumental Republican Approach? *European Journal of Political Theory* 1, 2002. p.71-89.

MENDLE, M. *Henry Parker and the English Civil War: The Political Thought of the Public's "Privado"*. Cambridge, 1995.

METZGER, H-D. *Thomas Hobbes und die Englische Revolution 1640-1660*, Stuttgart, 1991.

MIIL, D. van. *Liberty, Rationality, and Agency in Hobbes's Leviathan*. Albany, N.Y., 2001.

MÜNKLER, H. *Thomas Hobbes*. Frankfurt, 2001.
NAUTA, L. Hobbes on Religion and the Church between *The Elements of Law* and *Leviathan:* A Dramatic Change of Direction? *Journal of the History of Ideas* 63. 2002. p.577-98.
NELSON, E. *The Greek Tradition in Republican Thought.* Cambridge, 2004.
OAKESHOTT, *Hobbes on Civil Association.* Oxford, 1975.
OVERHOFF, J. *Hobbes's Theory of the Will: Ideological Reasons and Historical Circumstances.* Oxford, 2000.
PACCHI, A. Diritti naturali e libertà politica in Hobbes. In: *Scritti hobbesiani (1978-1990).* LUPOLI, A. (org.). Milan, 1998. p.145-62.
PARENT, W. A. Some Recent Work on the Concept of Liberty. *American Philosophical Quarterly* 11. 1974. p.149-67.
PARKIN, J. *Taming the Leviathan: The Reception of the Political and Religious Ideas of Thomas Hobbes in England 1640-1700.* Cambridge, 2007.
PELTONEN, M. *Classical Humanism and Republicanism in English Political Thought 1570-1640.* Cambridge, 1995.
PETTIT, P. *Republicanism: A Theory of Freedom and Government.* Oxford, 1997.
PETTIT, P. *A Theory of Freedom: From the Psychology to the Politics of Agency.* Oxford, 2001.
PETTIT, P. Keeping Republican Freedom Simple: On a Difference with Quentin Skinner. *Political Theory* 30. 2002. p.339-56.
PETTIT, P. Liberty and *Leviathan. Politics, Philosophy and Economics* 4. 2005. p.131-51.
PINK, T. Suarez, Hobbes and the Scholastic Tradition in Action Theory. In: *The Will and Human Action: From Antiquity to the Present Day.* Thomas Pink e M. W. F. Stone (orgs.). London, 2004. p.127-53.
PITKIN, H. F. Are Freedom and Liberty Twins? *Political Theory* 16. 1988. p.23-52.
POCOCK, J. G. A. *The Ancient Constitution and the Feudal Law: A Study of English Historical Thought in the Seventeenth Century: A Reissue with a Retrospect.* Cambridge, 1987.
RAPHAEL, D. D. Hobbes. In: *Conceptions of Liberty in Political Philosophy.* PELCZYNSKI, Z.; GRAY, J. (orgs.). London, 1984. p.27-38.
ROBERTSON, G. C. *Hobbes,* Edinburgh, 1886.
ROSATI, M. La libertà repubblicana. *Filosofia e questioni pubbliche* 5. 2000. p.121-37.
ROSSINI, G. *Natura e artificio nei pensiero di Hobbes.* Bologna, 1988.
RUNCIMAN, D. What Kind of Person Is Hobbes's State? A Reply to Skinner. *Journal of Political Philosophy* 8. 2000. p.268-78.

SALMON, J. H. M. *The French Religious Wars in English Political Thought.* Oxford, 1959.

SCHUHMANN, K. *Hobbes: une chronique: cheminement de sa pensée et de sa vie.* Paris, 1998.

SCOTT, J. *Commonwealth Principles: Republican Writing of the English Revolution.* Cambridge, 2004.

SHAW, C. K. Y. Quentin Skinner on the Proper Meaning of Republican Liberty. *Politics* 23, p.46-56.

SKINNER, Q. *The Foundations of Modern Political Thought.* 2v. Cambridge, 1978.

SKINNER, Q. *Reason and Rhetoric in the Philosophy of Hobbes.* Cambridge, 1996.

SKINNER, Q. *Liberty Before Liberalism.* Cambridge, 1998.

SKINNER, Q. *Visions of Politics,* 3v., Cambridge, 2002a.

SKINNER, Q. Classical Liberty and the Coming of the English Civil War. In: *Republicanism: A Shared European Heritage.* Martin van Gelderen e Quentin Skinner (org.). 2v. Cambridge, 2002b.

SKINNER, Q. A Third Concept of Liberty. *Proceedings of the British Academy* 117. 2002c. p.237-68.

SKINNER, Q. Introdução a *Questions Relative to Hereditary Right.* In: Thomas Hobbes. *Writings on Common Law and Hereditary Right.* Alan Cromartie e Quentin Skinner (org.). Oxford, 2005a. p.153-76.

SKINNER, Q. Hobbes on Representation. *European Journal of Philosophy* 13. 2005b. p.155-84.

SKINNER, Q. Surveying the *Foundations:* A Retrospect and Reassessment. In: *Rethinking the Foundations of Modern Political Thought.* Annabel Brett e James Tully (org.). Cambridge 2006a. p.236-61.

SKINNER, Q. Rethinking Political Liberty in the English Revolution. *History Workshop Journal 61.* 2006b. p.156-70.

SKINNER, Q. La teoría evolutiva de la libertad de Thomas Hobbes. *Revista de estudios politicos* 134. 2006-7. p.35-69, 135, 11-36.

SKINNER, Q. Hobbes on Persons, Authors and Representatives. In: *The Cambridge Companion to Leviathan.* Patricia Springborg (org.). Cambridge, 2007a. p.157-80.

SLOAN, K. *A New World: England's First View of America.* London, 2007.

SMITH, D. L. *Constitutional Royalism and the Search for Settlement, c. 1640--1649.* Cambridge, 1994.

SMITH, N. *Literature and Revolution in England 1640-1660,* London, 1994.

SMITH, G. *The Cavaliers in Exile, 1640-1660,* Basingstoke, 2003.

SOMMERVILLE, J. *Thomas Hobbes: Political Ideas in Historical Context.* New York, 1992.

SOMMERVILLE, J. Lofty Science and Local Politics. In: *The Cambridge Companion to Hobbes.* Tom Sorell (org.). Cambridge, 1996. p.246-73.
SOMMERVILLE, J. *Royalists and Patriots: Politics and Ideology in England 1603-1640.* London, 1999.
SOMMERVILLE, J. Hobbes and Independency. In: *Nuove prospettive critiche sul Leviatano di Hobbes.* Luc Foisneau e George Wright (orgs.). Milan, 2004. p.155-73.
SOMMERVILLE, J. English and Roman Liberty in the Monarchical Republic of Early Stuart England. In: *The Monarchical Republic of Early Modern England: Essays in Response to Patrick Collinson.* John McDiarmid (org.). Aldershot, 2007. p.308-20.
SOUTHGATE, B. *Covetous of Truth: The Life and Work of Thomas White, 1593-1676.* Dordrecht, 1993.
STEINER, H. Individual Liberty. *Proceedings of the Aristotelian Society* 75, 1974-5. p.33-50.
TARLTON, C. D. To avoid the present stroke of death: Despotical Dominion, Force, and Legitimacy in Hobbes's *Leviathan. Philosophy* 74. 1999. p.221-45.
TAYLOR, M. *Community, Anarchy and Liberty.* Cambridge, 1982.
TERREL, J. Hobbes et le républicanisme. *Revue de synthèse* 118. 1997. p.221-36.
THOMAS, K. The Social Origins of Hobbes's Political Thought. In: *Hobbes Studies.* BROWN, K. C. (org.). Cambridge, Mass., 1965, p.185-236.
TÖNNIES, F. Prefácio a Thomas Hobbes, *The Elements of Law Natural and Politic.* TÖNNIES, F. (org.). 2.ed. GOLDSMITH, M. M. (intro.). London, 1969. p.v-xiii.
TREASE, G. *Portrait of a Cavalier: William Cavendish, First Duke of Newcastle.* London, 1979.
TRICAUD, F. Éclaircissements sur les six premières biographies de Hobbes. *Archives de philosophie* 48. 1985. p.277-86.
TUCK, R. *Hobbes.* Oxford, 1989.
TUCK, R. *Philosophy and Government* 1572-1651. Cambridge, 1993.
TUCK, R. Introdução a Thomas Hobbes. *Leviathan.* Cambridge, 1996. p.ix-lvi.
TULLY, J. *An Approach to Political Philosophy: Locke in Contexts.* Cambridge, 1993.
TULLY, J. The Agonic Freedom of Citizens, *Economy and Society* 28, 1999. p.161-82.
VIROLI, M. *Republicanism.* New York, 2002.
WALDRON, J. Hobbes and the Principle of Publicity. *Pacific Philosophical Quarterly* 82. 2001. p.447-74.

WALLACE, J. M. The Engagement Controversy 1649-1652: An Annotated List of Pamphlets. *Bulletin of the New York Public Library* 68. 1964. p.384-405.
WARRENDER, H. *The Political Philosophy of Hobbes: His Theory of Obligation*. Oxford, 1957.
WARRENDER, H. Introdução a Thomas Hobbes, De *Cive: The Latin Version*. WARRENDER, H. (org.). Oxford, 1983. p.1-67.
WATSON, E. S. *Achille Bocchi and the Emblem Book as Symbolic Form*. Cambridge, 1993.
WILCHER, R. *The Writing of Royalism 1628-1660*. Cambridge, 2001.
WIRSZUBSKI, C. *Libertas as a Political Idea at Rome during the Late Republic and Early Principate*. Cambridge, 1960.
WITTGENSTEIN, L. *Philosophical Investigations*. ANSCOMBE, G. E. M. (trad.). 2.ed., Oxford, 1958.

SOBRE O LIVRO

Formato: 14 x 21
Mancha: 23 x 41 paicas
Tipologia: StempelSchneidler 10/13
Papel: Off-white 80 g/m² (miolo)
Supremo 250 g/m² (capa)
1ª edição: 2010

EQUIPE DE REALIZAÇÃO

Edição de Texto
Renata Truyts (Copidesque)
Valquíria Della Pozza (Preparação de original)
Elisa Buzzo (Revisão)

Capa
Juliana Carvalho

Editoração Eletrônica
Sergio Gzeschnik